1 ティカル遺跡の「神殿 1」

2 コパン遺跡の「石碑 A」

4 ティカル 26 代目王の墓

3 セイバル遺跡出土の黒曜石製石刃

青山和夫
Kazuo Aoyama

マヤ文明

――密林に栄えた石器文化

岩波新書
1364

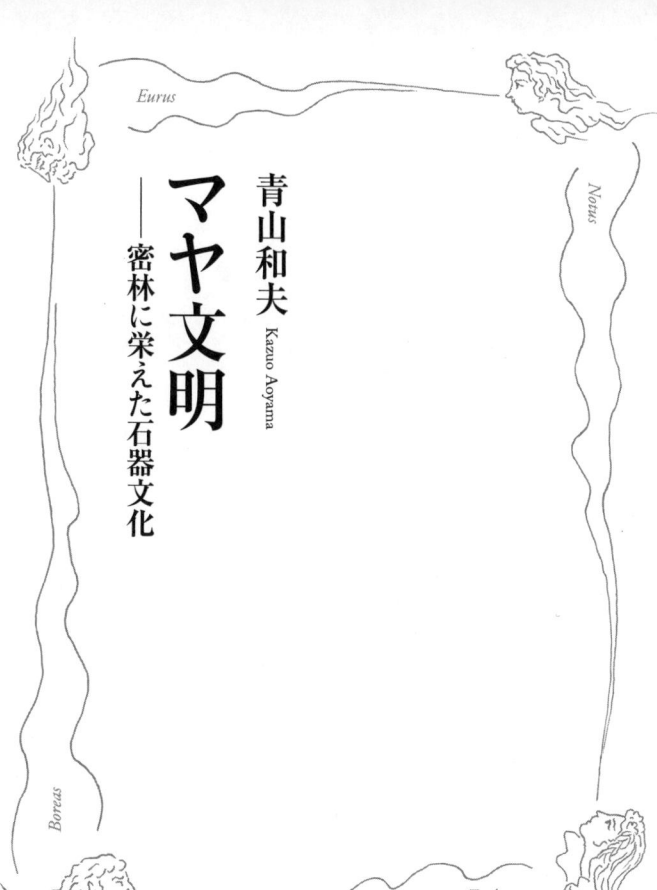

はじめに

ジャングルの上にそびえ立つ高さ七〇メートルもの石造の神殿ピラミッド。この壮大な石造建築の前の公共広場には、マヤ文字の碑文が精緻に刻まれた数多くの石碑。コロンブス以前のアメリカ大陸で最も発達した暦と天文学。マヤ文明は、鉄器を使わない高度な石器文化であった。

近年のマヤ考古学の成果から、実際に生きていた人々の暮らしが具体的にわかるようになっている。また、マヤ文字の解読も飛躍的に進んだことから、王や貴族の事績や戦争など王朝史が詳細に解明されている。

マヤ文明をはじめとするメソアメリカ（メキシコの大部分と中央アメリカ北部）と南米のアンデスというアメリカ大陸の二大文明は、旧大陸の「四大文明」（メソポタミア、エジプト、インダス、古代中国）と共に「世界六大文明」を構成した。マヤ文明は石器の都市文明であるが、鉄器を使わずに石器だけであれほど洗練された都市文明を築き上げたという点が非常に興味深い。旧大陸世界との交流なしに独自に発展したマヤ文明の比較研究は、旧大陸の「四大文明」あるいは西洋文明と接触後の社会の研究だけからは得られない、新たな歴史観や視点を提供し、西洋や旧大陸の「四大文明」中心的な人類史観を乗り越えることにつながっていくだろう。

それにもかかわらず、マヤ文明は、マスメディアに「謎と神秘の文明」とされてしまい、実像が語られることが非常に少ない。その要因の一つとして、高校世界史の教科書においてコロンブス侵略以前のアメリカ大陸の記述が、質量共に不十分なことが挙げられよう。残念ながら、依然としてマヤ文明の学術研究と一般的な理解には大きな差がある。この距離を縮めるのが、マヤ学者としての私のライフワークである。

本書は、マヤ文明を築いた人々の活き活きとした生活や世界観を描き出して、マヤ文明の実像を紹介する最新の入門書である。これまで私が執筆してきた一〇〇本以上の日本語、スペイン語、英語の論文や著作を一般向けにわかりやすく書き直して、最新の研究成果について紹介する。また私のホンジュラスとグアテマラにおける一九八六年以来の調査の経過についても、現地での経験や考えたことを交えながら記していこう。

マヤ文明が繁栄したメキシコや中央アメリカ諸国は、親近感の薄い遠い地域だと感じる方が多いかもしれない。本書では、人名や地名など、日本人にはあまり馴染みのないカタカナの固有名詞や専門用語をできるだけ使わないようにする。紙面の都合もあり、マヤ文明の全容を通史として網羅的に概説することはあえて試みない。古典期（後二五〇～一〇〇〇年）のマヤ低地の主要遺跡を中心に、読者のあなたをマヤ文明の世界に誘おう。

第1章でマヤ文明について概説し、第2章で私の「マヤ文明との出会い」と調査研究を描写して、マヤ文明の実像に迫っていこう。第3章では、マヤ文明を代表する諸都市の王朝の盛衰をみてみよう。第4章では農民の暮らしについて、第5章では宮廷人の日常生活をかいま見よう。第6章ではマヤ文明を学ぶ今日的な意義について考えてみよう。

本書が、一人でも多くの方にマヤ文明に興味をもっていただき、マヤ文明の実像が広まるきっかけになれば、私の大きな喜びである。

目　次

雨と稲妻の神チャークを両手にもつ月の女神

はじめに

目　次

第3章　諸王、女王、貴族たち――87

目　次

目　次

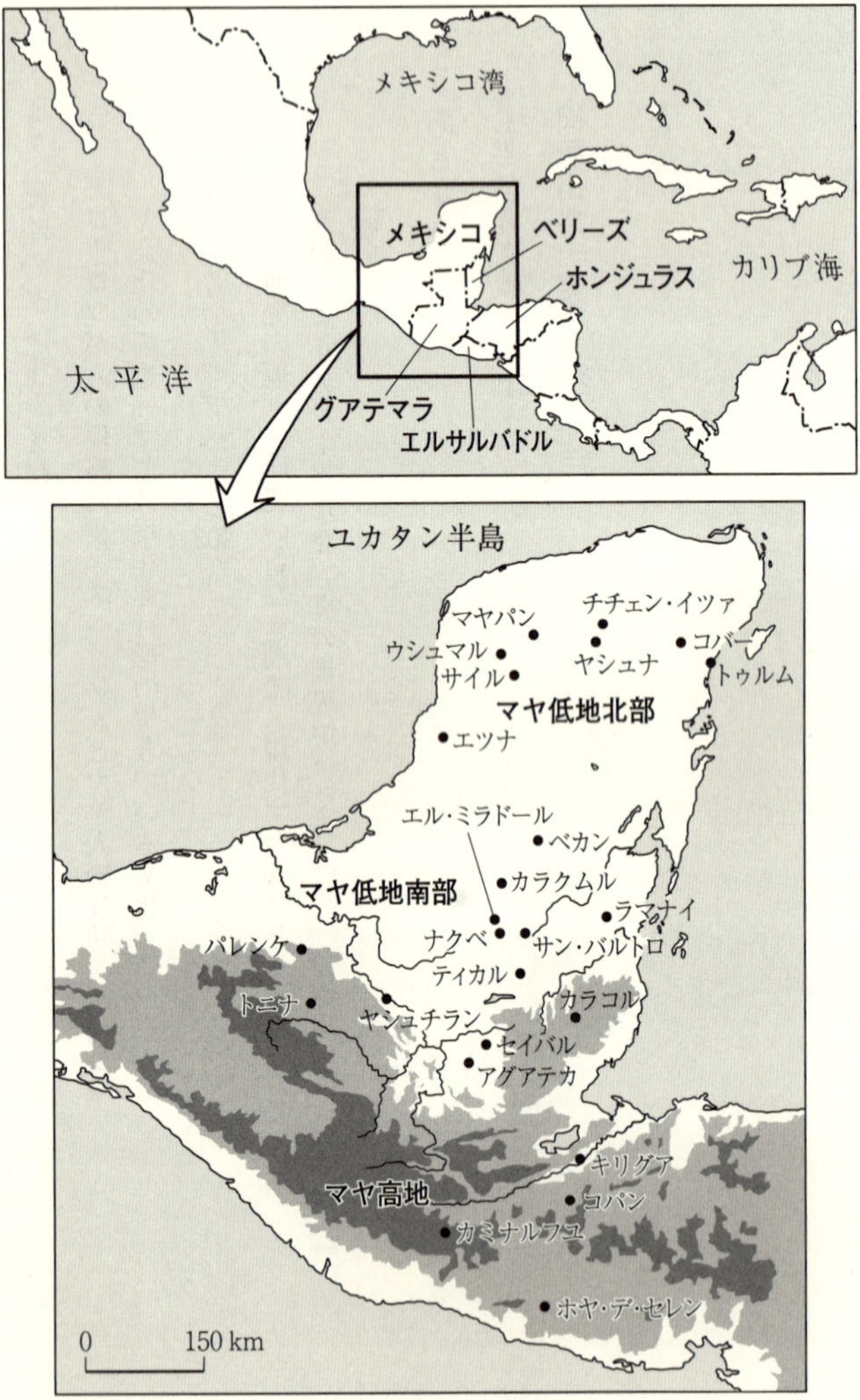
メキシコ湾
メキシコ
ベリーズ
ホンジュラス
カリブ海
太平洋
グアテマラ
エルサルバドル
ユカタン半島
チチェン・イツァ
マヤパン
コバー
ウシュマル
ヤシュナ
トゥルム
サイル
マヤ低地北部
エツナ
エル・ミラドール
ベカン
カラクムル
マヤ低地南部
ラマナイ
ナクベ
サン・バルトロ
パレンケ
ティカル
トニナ
カラコル
ヤシュチラン
セイバル
アグアテカ
キリグア
マヤ高地
コパン
カミナルフユ
ホヤ・デ・セレン
0
150 km

マヤ地域の主要遺跡

第1章

マヤ文明とは何か

ジャングルにそびえるティカル遺跡の神殿ピラミッド

1　ジャングルの大都市遺跡を発掘する

セイバの木が生える場所

私は、中米グアテマラのジャングルの真っただ中にある、マヤ文明のセイバル遺跡の発掘現場にまた戻っていた（図1-1）。セイバルが立地するマヤ低地南部の大部分は、多くの日本人には住むのが困難と思われる熱帯雨林に覆われている。季節は、一月から五月の乾季と五月から一二月の雨季の二つだけであり、乾季に発掘する。熱帯の太陽の光はとてつもなく強く、最高気温は四〇度を超える。ところが、ジャングルの木陰は意外と涼しい。

セイバル遺跡は、パシオン川という大河の左岸にある、比高一〇〇メートルの断崖という天然の要害に立地する。セイバルは、「セイバの木が生える場所」を意味する。スペイン語でセイバと呼ばれるパンヤの木は、高さが七〇メートルに達する大木である（図1-2）。

マヤ人の世界は、天上界、大地と地下界の三層から成っていた。セイバの大木は、天上界と地下界をつなぐ世界樹、つまり世界の中心軸だったのである。セイバは、マヤ人にとって過去から現在まで世界の中心にそびえ立つ神聖な木であり続けている。

セイバルは国立遺跡公園に指定されており、グアテマラを代表する国宝級の大都市遺跡である（図1-3）。都市中心部は五平方キロメートル以上にわたり、サクベと呼ばれる舗装堤道が、三つの主要建築グループを結んでいる。サクベは、三〇ほどあるマヤ諸語の一つユカタン語で「白い道」を意味し、大きめの石や土を堤防のように盛って、漆喰《しっくい》や小石

図**1-1**　グアテマラ略地図

図**1-2**　セイバル遺跡のセイバの大木

図1-3　セイバル遺跡の「南の広場」の中央にある神殿ピラミッドと石碑

で舗装された。
「南の広場」の中央には、四方に階段のある神殿ピラミッドが修復されている。神殿の壁面には、もともとは人物、動物、マヤ文字の碑文などの漆喰彫刻が施されていた。それは、赤、黄、黒、青や緑で色鮮やかに彩色されていた。神殿ピラミッドや王宮などの公共建築だけでなく、広場や道路も大量の漆喰で塗り固められていた。現在は熱帯雨林がこれらの建造物を飲み込まんばかりだが、かつてはまったく異なる光景が広がっていたのであった。
五〇を超える石碑が見つかっており、保存状態が良好である。王の図像や碑文が硬質の石灰岩に緻密に彫刻されている。西暦八四九年の石碑には、双頭の蛇の儀式棒をもつセイバル王の図像と名前、セイバル、ティカル、カラクムル、モトゥル・デ・サン・ホセという四つの都市の神聖王が儀式に立ち会ったことなどが記録されている(図1-4)。
「紋章文字」と研究者が呼ぶ王の称号には、これらの都市のクフル(神聖な)・アハウ(王)

と記されている。古典期マヤ文明の王は、文字通り神聖王だった。グアテマラのティカル遺跡とメキシコのカラクムル遺跡は、マヤ文明の大遺跡であり、ユネスコ世界遺産に指定されている。セイバルは、九世紀半ばを代表するマヤ都市の一つだったのである。

ハーバード大学調査団

セイバルは、考古学者にとって一生に一度は調査をしてみたい「ドリーム・サイト」といえよう。この遺跡は、マヤ文明の研究史においても世界的に有名である。ハーバード大学の調査団が、一九六四年から一九六八年までセイバル遺跡の調査を実施した。調査団を率いたのが、二〇世紀の最も著名なマヤ考古学者G・ウィリー教授である。ピッツバーグ大学の私の恩師J・サブロフ先生は、ハーバード大学の大学院生として調査に参加した。サブロフ先生は、博士論文においてマヤ考古学の模範とされる土器の編年を確立した。その結果、セイバルが二〇〇〇年にわたって居住され、マヤ低地南部の多くの都市が九世紀に衰退する一方で、パシオン川流域で最大の都市

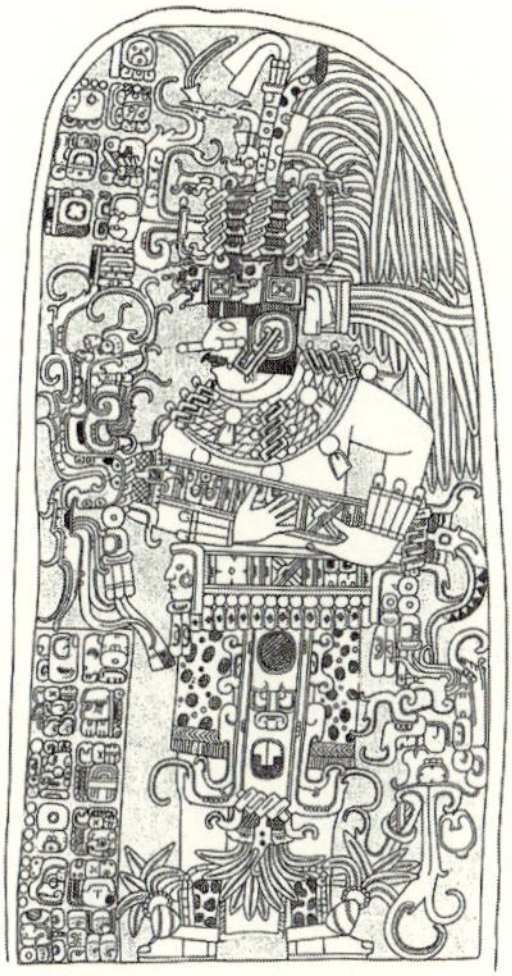

図1-4　セイバル遺跡の「石碑10」(849年建立)

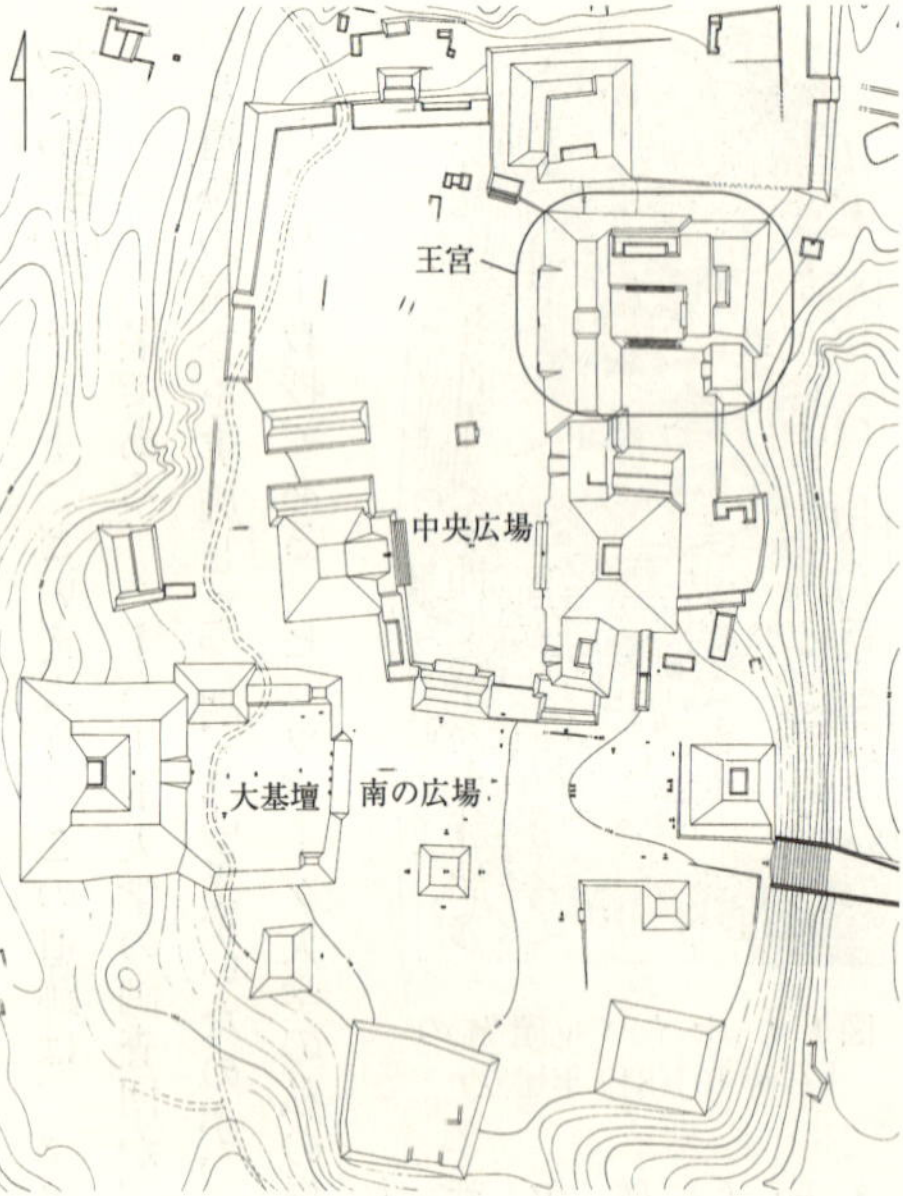

図1-5　セイバル遺跡の中心部

として繁栄したことがわかった。

ハーバード大学の調査団は、建造物跡の分布を調べて、セイバル遺跡の平面図を作成した(図1-5)。また遺跡の編年を確立するために、様々な場所で試掘調査を行った。広い区域の発掘調査では、最終居住期、いわゆる「九世紀の古典期マヤ文明の衰退」に主に焦点を当てた。そのために、それ以前のセイバルの姿については課題のまま残っていた。

セイバル遺跡の再調査

マヤ文明はいつ、なぜ、どのように興り盛衰したのだろうか。マヤ人は、どのように熱帯雨林の環境に適応して都市文明を築いていったのだろうか。こうした疑問に答えるために、私は、親友の猪俣健《いのまたたけし》さん（アリゾナ大学教授）、グアテマラ、アメリカ、カナダ、スイス、ドイツ、フランス、ロシアの研究者と共に多国籍チームを編成して、二〇〇五年からセイバル遺跡で学際的な調査を実施している。ハーバード大学に続き、約四〇年ぶりに調査を再開したのである。

発掘隊は七〇名を超える大部隊をなす。発掘作業員はこのあたりの村に住む農民であり、その大部分がマヤ系先住民である。彼らは、日本人と同じモンゴロイドに属する。

グアテマラの国土は一〇万八八八九平方キロメートルで、総人口一五〇〇万人（二〇一一年推定）のうち、マヤ系先住民が七割を占める。ところがグアテマラの政治経済は、スペインなどの移民の末裔《まつえい》や、白人と先住民の混血であるメスティソが主に支配している。

先住民の発掘作業員の間ではマヤ諸語の一つケクチ語が、非先住民系グアテマラ人や私たち外国人調査員とは公用語のスペイン語が使われる。ケクチ・マヤ人は、もともとグアテマラ高地の住民であったが、グアテマラ内戦（一九六〇～一九九六年）が激化した一九八〇年代にマヤ低地南部に移住してきた（マヤの地域区分は一七ページで詳しく述べる）。グアテマラは二〇世紀の中米で最も長い内戦を経験したという、暗い現代史を有する。しかし、私が一緒に働くグアテマラ人は皆、笑顔がとても素敵である。

図**1-6**　セイバル遺跡の大基壇の発掘調査

マヤ文明の起源を探る

セイバル遺跡は、二〇〇〇年にわたるマヤ文明の盛衰の通時的研究、すなわち、マヤ文明の起源、王権や都市の盛衰、マヤ文明の盛衰と環境の変化などを研究するのに理想的な遺跡といえる。私たちは、ハーバード大学の試掘調査によって先古典期の遺物が出土した大基壇、「中央広場」とその東西の神殿ピラミッド、王宮などに広い発掘区を設定した。マヤ文明の神殿ピラミッドは、既存のピラミッドの上に重ねて更新される特徴があるのだが、地表面から一〇メートル以上も下にある自然の地盤まで三年から四年かけて掘り下げるという、多大な労力と時間を要する発掘調査を敢行した。

発掘調査の結果、高さ二四メートルの最大の神殿ピラミッドを頂く大基壇が、二〇〇〇年にわたって三〇回以上も増改築されたことがわかった（図1-6）。自然の地盤の上からは、マヤ低地で最古（前一〇〇〇〜前七〇〇年）の土器が出土し、幅が三〇メートル以上の大きな基壇が検出された。セイバルの初期の建設活動は、従来考えられていたよりも盛んだったのである。

「中央広場」の発掘では、前九五〇年頃に自然の地盤の上に建造された最古の公共祭祀建造物と公共広場が見つかった。つまり、セイバル創設の最初から「神聖な文化的景観」が造り出されたことがわかった。日本列島でいうと、縄文時代晩期にあたる時期である。

「中央広場」の最初の床面の下にある自然の地盤の中から、計一二点の翡翠《ひすい》製磨製石斧が出土した。磨製石斧は、前九五〇年頃にセイバル創設の儀礼の一部として埋納されたことがわかる。これもマヤ低地で最古の出土例である。翡翠は、緑色の硬い玉であり、メソアメリカではグアテマラ高地だけで産出する。マヤ人にとって、緑と青は世界の中心の神聖な色であった。緑と青を厳格に区別しないという点は、日本人の「青信号」の色認識と似ている。翡翠は、その神聖な色、希少性、硬さゆえに、メソアメリカの支配層の間で威信財（権威や威厳を示すもの）として金よりも貴重であった。

神聖性の象徴

D・スチュワートの図像研究によれば、緑色の磨製石斧は、神殿ピラミッドや公共広場の神聖性を更新する、神聖なトウモロコシの穂か種を象徴した。同様な緑色の磨製石斧は、マヤ低地の西隣のメキシコ湾岸低地南部に栄えたオルメカ文明（前一二〇〇〜前四〇〇年）やメキシコのチアパス高地の諸遺跡でも埋納された。この時期のメソアメリカ南部の支配層は、磨製石斧の埋納儀礼の観念や知識を共有していたのである。また打製石器の材料の黒曜石が、グアテマラ高地から遠距離交換によって最初期からセイバルに搬入された。

従来は、マヤ低地の農民が土器を使い、主食のトウモロコシ農耕を基盤にした定住村落を前一〇〇〇年頃に営み始め、マヤ文明が徐々に発展したと考えられていた。その後ティカル遺跡などで、前八世紀頃に最初の神殿ピラミッドが建てられたとされていた。

セイバル遺跡や他遺跡の調査の結果、マヤ文明の起源は、従来の学説よりも二〇〇年ほど早く前一〇〇〇年頃にさかのぼることがわかってきた。セイバルの支配層は、神殿ピラミッドと公共広場からなる「神聖な文化的景観」を増改築し続け、翡翠や黒曜石のような重要な物資および観念体系や美術・建築様式などの知識を遠距離交換によって得ていた。これらの貴重な新データは、社会階層の起源を示唆している。

コロンブスはアメリカ大陸を「発見」しなかった

マヤ人は、どこから来たのだろうか。「最初のアメリカ人」は、今から一万数千年前の氷河期に、アジア大陸から無人のアメリカ大陸に到達したモンゴロイドの狩猟採集民である。その末裔の一部が、マヤ人になった。

先住民たちは、ベーリング海峡が陸続きになった頃、ベーリンジアと呼ばれる南北一〇〇〇キロメートルに及ぶ大地を歩いてアメリカ大陸に渡って行った。世界七大陸のうち、人類が最後に到達したのがアメリカ大陸である。先住民たちによる「新大陸」の発見は、七〇〇万年に及ぶ人類史において、かなり最近の出来事といえよう。

コロンブス以前のアメリカ大陸は、一万年以上にわたってモンゴロイドの大陸であった。つまり、ヨーロッパ人が「発見」したから「新大陸」なのではない。コロンブス一行は、アメリカ大陸を「発見」しなかったのである。

スペイン人が侵略した一六世紀以前を、「先スペイン期」と総称する。先スペイン期は、時期的には、日本列島の縄文時代から室町時代に相当する。マヤ文明の時期区分は、マヤ人の祖先である狩猟採集民がアメリカ大陸に進出した「石期」（前八〇〇〇年頃まで）、植物が栽培化された「古期」（前一八〇〇年頃まで）、マヤ文明が盛衰した「先古典期」（後二五〇年頃まで）、「古典期」（後一〇〇〇年頃まで）、「後古典期」（一六世紀まで）に分けられ、それぞれ細分される（表１-１）。マヤ文明の起源は、先古典期中期（前一〇〇〇〜前四〇〇年）にさかのぼる。高校世界史の教科書には、「マヤ文明は四世紀から九世紀に栄えた」と書いている

表 1-1　マヤ文明の時期区分

前 10000？	石期		モンゴロイド狩猟採集民がアジア大陸からアメリカ大陸に進出
前 8000	古期		トウモロコシやマニオクなどの栽培化開始
前 1800	先古典期	前期	マヤ低地で農民の小集団が季節的に移住し，トウモロコシなどを焼畑で栽培
前 1000		中期	マヤ低地南部のセイバル，ティカル，ナクベや，マヤ低地北部のショクナセフなどで神殿ピラミッド建設
前 400		後期	マヤ低地南部のエル・ミラドール，ナクベ，ティカル，セイバル，カラクムル，マヤ低地北部のエツナ，マヤ高地のカミナルフユなどの都市が発展
後 250	古典期	前期	マヤ低地の諸都市が，神聖王を頂点に繁栄
600		後期	マヤ低地南部で，8 世紀に人口がピークに達する
800		終末期	マヤ低地南部で多くの都市が衰退する中で，セイバルやラマナイ，マヤ低地北部でチチェン・イツァ，ウシュマル，コバーなどが繁栄
1000	後古典期	前期	チチェン・イツァが衰退し，中小都市が林立
1200		後期	多くの都市が，マヤ低地北部やマヤ高地を中心に興隆
16 世紀	植民地時代		1697 年，スペイン人がマヤ文明最後の都市タヤサルを侵略
1821			メキシコと中央アメリカ諸国がスペインから独立
	現代		800 万人以上のマヤ人が，マヤ文化を創造し続けている

ものもあるが、これは古典期だけを指しており間違いである。

世界史教科書の問題

コロンブスは、アメリカ大陸を当時のヨーロッパ人がアジア、すなわち「東洋」を指した「インディアス」(インディア、つまりスペイン語でインドの複数形)だと主張し続けた。スペイン語とポルトガル語の「インディオ」と英語の「インディアン」は、ヨーロッパ人が誤解して名付けた「インディアスの住民」を意味する差別的な用語である。

この用語が端的に示すように、アメリカ大陸の諸文明の多様性を無視あるいは混同し、それらを一括して扱う「マヤ・アステカ・インカ」シンドロームというべき西洋中心主義的な見方は、日本でも広く行き渡っている。こうした傾向を助長しているのが、マヤとアステカとインカを同じセクションで扱い、その記述が質量共に不十分な高校世界史の教科書である。それをもとに受験勉強をするわけだから、西洋史や東洋史と比べて、当然ながら知識に差が出る。

アステカ王国(後一四二八～一五二一年)と南米のインカ帝国(一五世紀～一五三二年)は、マヤ文明(前一〇〇〇年～一六世紀)よりもずっと後、スペイン人が侵略した一六世紀の直前に発展した。アステカの公用語は、ナワトル語である。

アステカは、主都テノチティトランを誇ったメキシコ中央高地を中心にメソアメリカ最大の王国を築いた。テノチティトランは、ナワトル語で「メシコ・テノチティトラン」と呼ばれ、スペイン人侵略者と敵対先住民の同盟軍が徹底的に破壊し、その上にメキシコ市を建造した。スペイン語で「メヒコ」と発音され(英語ではメキシコ)、後に首都名と国名になった。テノチティトランは、マヤ地域から一〇〇〇キロメートル以上も離れている。

ちなみにインカ帝国のマチュピチュ遺跡がアンデス文明ではなく、マヤ文明の代表的な遺跡だと誤解して、私の講義「マヤ文明」を受講する大学生も少なくない。「マヤ・アステカ・インカ」シンドロームは、あたかも縄文時代晩期から室町時代の日本列島の文化、中国の長江文明、アンコール・ワットに象徴されるクメール文明がまとめて語られているようなものといえよう。

高校世界史の教科書や副読本には、アメリカ大陸を侵略した西洋人が抱いたイメージに強く影響された記述がある。実際にはそれほど行われなかった「生け贄《にえ》」が過度に強調されているのは、その典型的な例と言えよう。スペイン人は、植民地化を正当化するために、生け贄の数を誇張した。これは例えるならば、世界のいずれかの国の世界史の教科書において、日本の近世史に関して武士の切腹だけが過大に取り上げられるとか、ヨーロッパ中世史で魔女狩りだけが大きく誇張されているようなものである。

メソアメリカの諸文明

メソアメリカの大文明は、アメリカ大陸の中央部、メキシコの大部分と中央アメリカ北部(グアテマラ、ベリーズ、エルサルバドルとホンジュラスの西半分)にかけての一〇〇万平方キロメートルほどに及んだ。マヤ低地の西隣のメキシコ湾岸低地南部では、高さ三メートルに及ぶ巨石人頭像で有名なオルメカ文明(前一四〇〇～前四〇〇年)が栄えた。メキシコ中央高地では、アステカ文明に先立ち、テオティワカン文明(前一〇〇～後六〇〇年)やトルテカ文明(九〇〇～一一五〇年)などが興亡した。これらの諸文明は、コロンブスがアメリカ大陸を「発見」するまで、旧大陸の諸文明と交流することなく、独自に発展したモンゴロイド先住民の大文明だったのである。

マヤ文明をはじめとする、アメリカ大陸の諸文明は、日本とはまったくつながりがないのだろうか。実は、現代の私たちの暮らしと密接な関わりがある。アメリカ大陸の先住民は、前八〇〇〇年頃から、全部で一〇〇種類以上の植物を栽培化した。コロンブスによるアメリカ大陸の「発見」は、世界の食文化革命をもたらした。マヤ人の主食トウモロコシ、さらにトマト、カボチャ、トウガラシ、ジャガイモ、サツマイモ、インゲンマメ、カカオ、バニラ、タバコ、ゴムをはじめ、世界の作物の六割はアメリカ大陸原産である。これらの先住民が栽培化した新しい作物は、旧大陸原産の米や麦を栽培できない痩せた土地でも高い収穫量を期待できたので、飢饉がしだいに少なくなった。ヨーロッパ人が略奪し尽くした先住民の「贈り物」が、旧大陸の人々を救ったのである。

食べ物だけでなく、クリスマスに人気のポインセチア、秋の代名詞コスモス、ほかにもマリーゴールド、ダリアなど、メソアメリカ原産の花は、親しみ深い観葉植物になっている。私たち日本人は、知らないうちに食生活や花をはじめ、アメリカ大陸の諸文明の大きな恩恵を受けているのである。

マヤ人とは誰か

マヤ文明は「九世紀に突如消滅した謎の文明」と誤解されることもあるが、スペイン人が一六世紀に侵略するまで盛衰を繰り返しながら発展し続けた。スペイン人の侵略によってマヤ文明は破壊されたが、スペインの植民地時代(一八二一年まで)を経て、マヤは現在進行形の生きている文化である。先住民たちはマヤ低地やマヤ高地などに居住し、計三〇のマヤ諸語が話されている。つまりマヤ文明が発達したのとほぼ同じ地域で、現在でも八〇〇万人以上の人がマヤ諸語を話し、マヤ文化を力強く創造し続けている。しかもマヤ人の人口は減るどころか、増加し続けている。

「マヤ民族」という単一民族は、過去にも現在にも存在しない。「マヤ」という名称の起源も、実は定かではない。植民地時代のスペイン人史料によれば、メキシコのユカタン地方の一部、とりわけ後古典期の都市であったマヤパン遺跡の一帯が、「マヤ」と呼称されていたとされる。つまり、マヤ文明が盛衰した先スペイン期には、マヤ地域全域が「マヤ」と呼ばれていたわけではない。「ティカルの住民」や「セイバルの住民」といった帰属意識はあったと思われるが、「私はマヤ人」というアイデンティティは存在しなかった。「マヤ」とは、実は外国人が名付けた他称であった。

標準語の「マヤ語」は存在しないので、近隣諸語を除くと会話がほとんど、あるいはまったく成り立たない。皮肉にも、たとえばスペインの植民地であったメキシコ、グアテマラやホンジュラスではスペイン語が、イギリスの旧植民地ベリーズでは英語が共通語になっている。しかし、にもかかわらず共通性をもった文化が広がっていたことは、次節で詳しく述べよう。

マヤの三つの地域区分

マヤ文明は、熱帯低地のジャングルの密林だけに栄えたのではない。ユカタン半島を中心とするマヤ世界は、大きくマヤ低地南部、マヤ低地北部とマヤ高地に分けられるが、その自然環境は極めて多様である。

セイバル遺跡の位置するマヤ低地南部は高温多湿であり、その大部分では熱帯雨林の密

図**1-7**　ツィビルチャルトゥン遺跡のセノーテ

林が広がる。平均年間降水量は二〇〇〇～三〇〇〇ミリメートルだが、四〇〇〇ミリメートルに及ぶ場所もある。メキシコとグアテマラの国境を流れるウスマシンタ川、その支流であり、セイバル遺跡が左岸に立地するパシオン川といった大河が流れる。セイバやマホガニーのような高さ四〇～七〇メートルに及ぶ大木がそびえ立つ。

　マヤ低地北部は乾燥しており、熱帯雨林ではなく低木林の密林が広がる。その大部分は、年間降水量が一〇〇〇ミリメートル以上の熱帯サバンナである。川や湖沼がほとんどなく、北では石灰岩の岩盤が陥没して地下水が現れた天然の泉セノーテが貴重な飲み水を提供する(図1-7)。セノーテには、深さが五メートルほどの井戸から、四〇メートルを超す大きな泉まである。北西部では、年間降水量が五〇〇ミリメートル未満というステップ地帯になる。北部沿岸部は、マヤ地域で最も質の高い塩の生産地であった。

　起伏の激しいマヤ高地は、冷涼かつ湿潤であり、松をはじめとする針葉樹林が広がる。

それはメキシコのチアパス高地とグアテマラ高地を中心とする、海抜八〇〇メートル以上の高地である。多くの火山がそびえ立ち、大小様々な盆地が分布する。グアテマラ市は、「常春の都」と呼ばれる。標高が一五〇〇メートルほどのグアテマラ盆地にあるためにすごしやすく、低地のように暑くない。北緯一五度前後にあるグアテマラの最高峰で海抜四二二〇メートルを誇るタフムルコ山では、雪が降ることもある。

旧大陸の「四大文明」だけみていると、「半乾燥地帯の大河流域の平地だけで文明が起こった」かのような錯覚に陥ってしまう。マヤ文明は、熱帯雨林、針葉樹林、熱帯サバンナ、ステップを含む、多様な自然環境で発達した。マヤ低地北部では、大河川はおろか、川や湖沼がほとんどない。大河川は、マヤ文明の誕生の必要条件ではなかった。

文明の誕生に必要なのは、川ではなく、安定した食料の供給である。マヤ低地南部では大河川も流れているが、農民は、小規模な灌漑、段々畑、家庭菜園などの集約農業と焼畑農業を組み合わせ、都市やその周辺で生活していた。マヤ文明は、「四大文明」とは異なり、「半乾燥地帯の大河流域で大規模な灌漑治水事業」を発達させなかったのである。

「世界四大文明」という、奇妙な文明史観が、日本で普及し始めたのは一九五二年の高校世界史の教科書であった。これは、旧大陸の四つの半乾燥地帯における大河流域の肥沃な平地で大規模な灌漑農業が発達して大文明が興り、以降の文明はこの流れを汲む、という古い考えである。人類史を正しく再構成するためには、時代遅れの「四大文明」史観を乗り越えて、「世界六大文明」を形成した旧大陸とアメリカ大陸の大文明を対等に位置づけなければならない。なぜならば、それらはもともと何もないところから独自に生まれた文明、つまり一次文明だからである。

2 マヤ文明の特徴とは

究極の石器文明

さて人類が最も長く使った利器は何だろうか。それは、二五〇万年前頃のアフリカの原人に始まり、旧人と新人が用いた石器である。いわゆる旧大陸の「四大文明」においても、鉄器は文明の初期段階では存在せず、主要利器は石器であった。ところが一六世紀にスペイン人が侵略するまで鉄器を用いず、石器を主要利器として使い続けて、複雑な文字、暦、天文学を発達させ、巨大な神殿ピラミッドが林立する都市を築き上げた「究極の石器文明」が存在した。その石器文明が、メソアメリカで繁栄したマヤ文明である。

マヤ文明は、世界の他の文明と同様に農耕を生業の基盤としながらも、旧大陸の「四大文明」とは異なり、鉄器、荷車、人や重い物を運ぶ大型の家畜を結果的に必要としなかった。マヤ文明では、金属器が実用化されず、鉄は一切使用されなかった。金や銅製品など大部分の金属製品は装飾品や儀式器であり、それらが使用されたのは九世紀以降だった。

マヤ文明は、機械に頼らない「手作りの文明」であった。車輪付きの動物土偶が示すように(図1-8)、マヤ文明では車輪の原理は知られていたが、大型の家畜がいなかったために荷車や犂《すき》は発達しなかった。マヤ人は、石器を主要利器として不自由なく生活し、基本的に手作業の技術と人力エネルギーで都市文明を築き上げたのである。

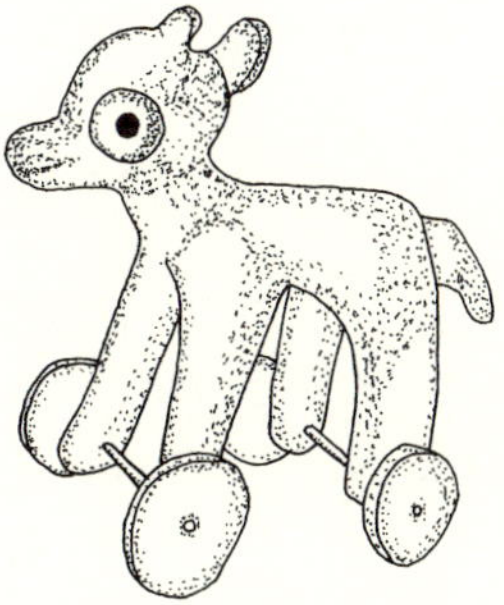

図**1-8** 車輪付きの動物土偶

したがって、マヤ文明に石器時代、青銅器時代、鉄器時代の順に発展した旧大陸の三時代区分法を適用できない。鉄器が用いられなかったことは、マヤ文明が旧大陸の「四大文明」よりも「遅れていた」ことを意味しない。本書を読み通していただければわかるように、「鉄器文明＝先進文明」という図式は、必ずしも成り立たないのである。それゆえに私は、マヤ文明を人類史上で最も洗練された「究極の石器文明」と位置づけている。

数字と暦

マヤの支配層は、先スペイン期のアメリカ大陸で、文字、暦、算術、天文学を最も発達させた。しかも六世紀の古代インドに先立ち、人類史上でゼロの文字を最初に発明した。このことは、同じくアメリカ大陸のモンゴロイド先住民文明でありながら、インカやナスカに代表されるアンデス文明の無文字社会と対照的である。

マヤ人は、二〇進法を使っていた。なぜだろうか。それは、手足両方の指で数えたからである。対照的に日本人は、南米のインカと同様に、手の指だけを使って、一〇進法で数字を数える。

数字は、一を表す「点」、五を表す「棒」、貝のマヤ文字などゼロを表す文字を組み合わせる(図1-9)。たとえば、六は棒の上に一つの点、一九は三本の棒の上に四つの点として表記される。マヤ人は、数字の位を用いて一九以上の数を二〇進法で表記した。たとえば、五五は二〇の位×二＋一五、八一九は四〇〇の位×二＋一九となる。古代インドで発明されたゼロと数字の位が、アラビア人を通してヨーロッパに伝わる一〇〇〇年以上も前のことであった。

マヤの支配層は、三六五日暦、二六〇日暦をはじめ、様々な周期の暦を複雑に組み合わせた。専業の天文学者はおらず、支配層を構成し、王の事績を碑文に記した書記を兼ねる工芸家が天文観測を担った。彼らは、太陽、月、金星その他の星を肉眼で正確に観測し、日食や月食を記録した。たとえば、太陰暦は何日だろうか。ホンジュラスの世界遺産コパン遺跡で古典期に活躍した書記を兼ねる天文学者は、現代人のように小数を使わずに、一

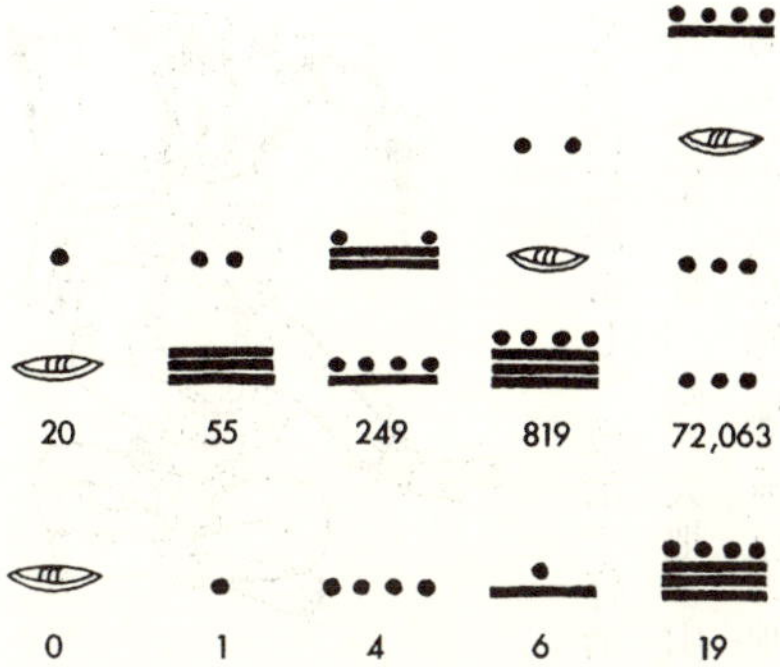

図1-9　マヤ文明の20進法の数字

四九月齢が四四〇〇日という太陰暦に関する等式を編み出した。平均月齢は二九・五三〇二〇日となり、現在私たちが知る月齢二九・五三〇五九日とほぼ同じであった。書記を兼ねる天文学者は、金星の会合周期(五八三・九二日)を五八四日と算出し、金星の五会合周期(五×五八四日)が、三六五日暦の八年と同じ二九二〇日であることも発見した。

マヤの宗教

天体観測の知識は、マヤの暦や宗教の基盤を提供した。マヤの宗教は、日本の八《や》百万《およろず》の神と同様に多神教であった。宗教は生活のすべ

ての面に浸透し、政治や経済は、宗教と明確に分離していなかった。天上界、天空、太陽、月、金星、虹、雨、大地、山、地下界、死、主食のトウモロコシ、ジャガーなどの動物、羽毛の生えた蛇(風と豊穣の神)など、森羅万象が崇拝された。

たとえば、太陽神キニッチ・アハウは男性である(図1-10)。生ける太陽神でもあったマヤの王は、本書に登場する諸王のように、名前の一部にキニッチを含む場合があった。月の女神は、若く美しい女性として描かれ、ウサギを抱いている。古典期のマヤ人は、日本人と同様に月にウサギを想像したのである(図1-11)。

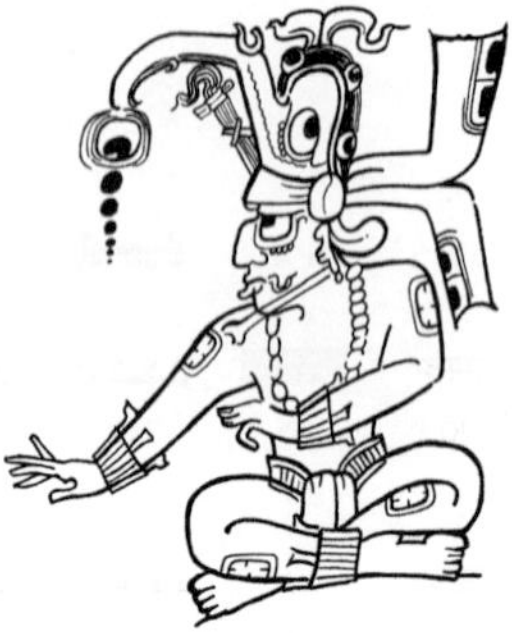
図1-10　太陽神

図1-11　月の女神

先スペイン期を通じて、マヤ地域が政治的に統一されることはなかった。一人の王がマヤ地域全体を統治したのではなく、地方色豊かな諸王国が共存した。このことは、人類史上でとても珍しい現象であり、統一王朝＝文明という見方への反証といえよう。旧大陸の「四大文明」の諸王朝、主都クスコを中心にインカ帝国がアンデスの統一を成し遂げたのとは対照的である。つまりマヤ地域では多様な諸王国が、遠距離交換ネットワークを通して様々な文化要素を共有したので、一つの文明としてくれるのである。

ネットワークの文明

物資だけでなく、知識、観念体系や美術様式などの情報も盛んに交換された。共有された文化要素としては、マヤ文字、神殿ピラミッド、都市、神聖王、王墓、国家、戦争、天文学、二〇進法の数字、暦、絵文書、石碑や祭壇といった石彫や彩色土器などの洗練された美術様式、宗教体系、翡翠やケツァル鳥の羽根などの威信財、球技場で行われた球技と球技具・防具、トウモロコシ、マメ類、カボチャ、トウガラシ他を栽培する農業、家畜の犬と七面鳥、黒曜石製石刃、磨製石斧、製粉用の磨製石盤メタテと石棒マノなどがある。

先スペイン期の大半を通じて、遠距離交換品は、支配層の間で交換された少量の威信財や美術品が主であった。たとえば、支配層の威信財であった翡翠やケツァル鳥の羽根、磁

図1-12　世界遺産ティカル遺跡の彩色土器に描かれた王女

鉄鉱、黄鉄鉱などの様々な鉱石が高地から、綿、ジャガーの毛皮、海産貝などが低地からもたらされた。

共有されたモノ

ケツァル鳥は、先スペイン期のメソアメリカで神聖な鳥として崇拝された。メキシコ南部から中央アメリカの高地の海抜九〇〇〜二五〇〇メートルに生息し、雲霧林を好む。雲霧林は、雨ではなく、雲と霧が森林に水分を与えている。グアテマラの国鳥であるケツァルは、国旗に描かれており、貨幣の単位でもある。ケツァル鳥の羽根は、太陽の光の当たり具合によって、金属光沢のある緑か青に見える。それは翡翠と同じく、世界の中心の神聖な色であり、頭飾り、扇、衣装の装飾など、支配層の威信財として貴重であった。王族や貴族だけが、翡翠やケツァル鳥の装飾品を豪勢に身に着けていたので、農民との差は一目瞭然だったであろう（図1-12）。

ちなみに、マヤの東西南北の色は、それぞれ、赤、黒、黄、白であった（図1-13）。方位の色がなぜそうなのかはよくわからないが、四種類のトウモロコシの色と同じというのは示唆的といえよう。マヤ人は、石造記念碑、建造物、壁画、絵文書、織物、土器、土偶などを顔料で彩色した。

赤鉄鉱、マンガン、水銀朱（辰砂《しんしゃ》）などの高地産鉱物から、顔料が作られた。有名な「マヤ・ブルー」は、世界でもまれな有機青色顔料であり、藍《あい》（インディゴ）と粘土鉱物を混ぜ加熱して作り出された。太平洋産貝ヒメサラレイシから採取した貝紫、およびウチワサボテンに寄生するコチニールという小さな虫から取った赤色は、動物性染料である。日本で京黒染に使われているログウッドは、高さ一〇メートルほどのマメ科の木であり、その心材はマヤ文明でも黒色染料として利用された。

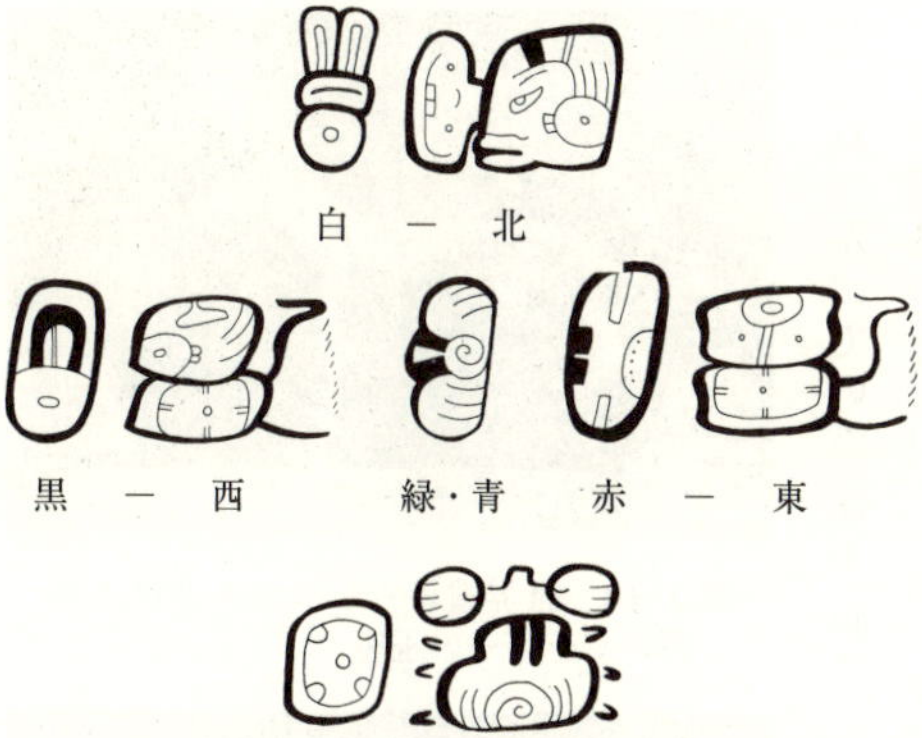

図 1-13　方角のマヤ文字と色

　南北アメリカ大陸最大のネコ科動物ジャガーは、メソアメリカ最強の猛獣である。ジャガーの毛皮は、熱帯雨林低地の特産品であり、王権、

図1-14　世界遺産ウシュマル遺跡の双頭のジャガーの玉座

図1-15　ウシュマル遺跡の「尼僧院」のマヤ・アーチの入口

超自然的な力、戦争のシンボルであった。獰猛《どうもう》で夜行性のジャガーは、死や生け贄にも関連づけられた。王のみが、ジャガーの毛皮の上に座ることができた。ジャガーを彫刻した石造玉座は、世界遺産のウシュマル、チチエン・イツァやコパンなどで見つかっている（図1-14）。

マヤ建築の特徴の一つが、マヤ・アーチである。ローマ式の半円形アーチではなく、石が壁に逆V字形にはめ込まれた、いわゆる擬似アーチなので天井は高いが狭い（図1-15）。神殿ピラミッドや王宮のような支配層の石造建造物、石室墓や門などに多用された。

マヤ支配層は、広範な遠距離交換ネットワークに参加し、宗教儀礼の体系、建築様式、美術様式などを共有し、文字、大建造物、石彫や威信財を誇示して、権威や権力を正当化したのである。

ピラミッドと山信仰

マヤ人は、なぜ神殿ピラミッドを造ったのだろうか。「ピラミッド」という呼称は、欧米の考古学者がエジプトのピラミッドになぞらえ付けたものである。古典期のマヤ文字では「ウィッ(山)」と呼ばれ、文字通り山信仰と関連する宗教施設で、神聖王の先祖の神々が宿る人工の神聖な山を象徴する(図1-16)。つまりマヤとエジプトでは、ピラミッドの社会的な機能や意味が異なり、関連はまったくない。なぜなら、石を積み上げて高い建造物を建造すれば、誰が建設しようと自然とピラミッド状の形になるからである。世界の異なった場所で、異なった時代に、人々は同様な建造物を造ったといえよう。

図**1-16**　ティカル遺跡の「神殿2」

マヤ人は、ピラミッドをどのように用いたのだろうか。マヤのピラミッドは、エジプトのピラミッドとは異なり、頂上部にキャップストーンがないので尖っていない。つまり上部を切った形状のピラミッド状基壇の上に神殿を配置して、神殿ピラミッドを構成した。

マヤ低地は比較的平坦なので、マヤ人は人工の神聖な山を建設した。それだけでなく、日本の山岳信仰のように自然の山を崇拝した。マヤの山信仰は、洞窟信仰と深い関係があった。洞窟は、神聖な山の空洞、内部でもあり、過去から現在までのマヤ人にとって宗教的に重要な場所である。ピラミッド状基壇の上の神殿の入口は、洞窟あるいは超自然界への入口を象徴した。神聖王は、神殿の部屋に入って宗教儀礼を執行し、神々と交流した。

神殿ピラミッドは、あたかも玉ねぎの皮のように、古い時代の神殿ピラミッドの上を包み込んで新たな神殿ピラミッドが造られることが多かった。マヤ人にとって、暗い洞窟は地下界の入口でもある。王は、先代の王を神格化して神殿ピラミッド内の墓に埋葬し、その上に増改築することもあった。すなわち一部の神殿ピラミッドは、王陵《おうりょう》、つまり王や王家の重要人物を葬り祀る巨大な記念碑的建造物としても機能したのである。神殿が拡張され続けたのは、建築の材料や労働量を節約して、より高くより大きな神殿ピラミッドを効率よく建築できるという理由からだけではない。後世の王は、神殿更新でより大きな人工の神聖な山を築いて王権を強化したのである。

神殿ピラミッドや公共広場は、「神聖な文化的景観」を構成した。そこでは様々な国家儀礼が執行され、王国の住民が参加した。つまり、古典期マヤの諸王国には、劇場国家的な側面があったのである。先祖崇拝、王の即位、後継者の任命、神殿落成や更新、暦の周期の完了記念日などの儀礼において、王や貴族の劇場的パフォーマンスを通して伝達、強化される宗教は、王国を統合する上で重要であった。

広場での劇場的パフォーマンス

石碑や土器などの図像によれば、王は、宗教儀礼や儀礼的な踊りにおいて雨の神やトウモロコシの神をはじめとする神々の仮面、衣装、装飾品を着用して、しばしば神々の役割を演じた。ピラミッド状基壇の側面は複数の段をなし、一つ以上の側面に階段がある。マヤ社会の大部分を占めた農民たちは、神殿ピラミッドの前の大きな広場を埋め尽くし、階段を昇り降りする盛装した王の晴れ姿を目撃したのだろう。

各地のマヤ都市の発展

先古典期中期の前半（前一〇〇〇～前七〇〇年）のセイバルに続き、先古典期中期の後半（前七〇〇～前四〇〇年）には、マヤ低地南部のナクベやティカル、マヤ低地北部のショクナセフなどで神殿ピラミッドが建設された。先古典期後期の前半（前四〇〇～後一〇〇年）には、グアテマラのエル・ミラドール、ナクベ、ティカル、セイバル、メキシコのカラクムル、ベリーズのラマナイなどの都市が発展した。それは、日本列島の弥生時代と同じ時期に相当する。

エル・ミラドールの「ダンタ・ピラミッド」は、高さ七二メートル、底辺六二〇×三一四メートルという巨大な基壇を誇った。それは、高さ七〇メートルの古典期のティカル最大の神殿ピラミッドをしのぐ、マヤ文明だけでなく、メソアメリカ最大の石造建造物の一つであった。文明発達の比較的初期に最大のピラミッドが建造された点において、マヤとエジプトで共通点がみられる。

ナクベは、エル・ミラドールと長さ一三キロメートルのサクベによって結ばれ、高さ四五メートルの大神殿ピラミッドがそびえ立っていた。その外壁を装飾した「鳥の主神」は、幅一一メートル、高さ五メートルのマヤ文明で最大の漆喰彫刻であった。こうした神々の顔の多彩色の漆喰彫刻は、巨大な神殿ピラミッドの階段の両脇の外壁を飾り、王権の象徴ともなる宗教観念の表現として重要であった。

誰が建造したか

神殿ピラミッドは、誰がどのように造ったのだろうか。その建造は、王の強制力だけでなされたのではない。マヤ文明形成の要因の一つとして、巨大な宗教建造物の必要性を農民たちに納得させる王権や宗教などの新しい観念体系が発達した。こうした観念体系は、王権を正当化すると共に、人口の集中や都市建設の大きな原動力になった。また、巨大な神殿ピラミッドの建設・維持は、王権を強化し、都市人口の労働力を統御する手段を提供したであろう。おそらく王や貴族の指揮下、農民たちが農作業のひまな時期に「お祭り」のような行事として、楽しみながら建設にたずさわったのだろう。彼らは石器を使って作業し、ウシやウマなどの使役動物なしに、建築物資を人力で担いで運んだ。

建築材料の石はどこから切り出してきたのだろうか。建造物や石碑などの石造記念碑の石材は、石灰岩が主流であった。実はマヤ低地の都市の多くは、石灰岩の岩盤の上などに建設された。したがって、建築石材の石灰岩は無限に近い。一方、マヤ高地で最大の都市カミナルフユ(現在のグアテマラ市)は、最盛期が前二〇〇年から後一〇〇年であり、日干しレンガを使って高さ二〇メートルに及ぶ神殿ピラミッドを建造した。

マヤ暦は循環暦

先にマヤの数字と暦を紹介した。マヤ暦は、マヤ文明を「謎と神秘」のベールに包もうとする一番のトピックかもしれないが、まずは事実から述べよう。マヤ暦はすべて循環暦であり、様々な周期が複雑に組み合わされた。時間を直線的に捉える西暦とは対照的である。マヤ人は、日本人の新暦と旧暦と同様に、すべての日付を、二六〇日で一巡する神聖暦と三六五日で一巡する太陽暦で併記した。

二六〇日暦は、一三の数字と二〇個の日の名前(イミシュ、メン、アハウなど)を組み合わせる。ちなみにマヤの世界観では、天上界は一三層からなり、一三は「ラッキー・ナンバー」である。地下界は九層からなり、日本人が縁起の悪い数字とみなすのと似ている。

三六五日暦は、ひと月が二〇日の月が一八(ポプ、シプ、カンキン、クムクなど)あり、最後に五日だけの短い月がついた。マヤ支配層は、春分、夏至、秋分、冬至を熟知し、実際の一年の長さが三六五と四分の一日であることを知っていたが、うるう年や他の方策をあえて取らなかった。

このうるう年がない三六五日の一年が、五二回の周期で循環した。つまり二六〇日暦と三六五日暦の組み合わせは、現代の暦で約五二年の一万八九八〇日(二六〇と三六五の最小公倍数、五×五二×七三)で一巡した。マヤ暦の「一世紀」に相当するが、日本の還暦に近いといえよう。

五二年暦は、二六〇日暦と三六五日暦と共に、マヤ文明だけでなく、アステカ文明をはじめとするメソアメリカの諸文明で広範に使われた。五二年暦は、現代の一週間と同様な七日周期の暦、九日周期の暦、月齢、長期暦をはじめとする周期の長い循環暦と同時並行的に使われた。さらにマヤ文明の神聖な数字七、九、一三をかけた八一九日で一巡する、八一九日暦もあった。マヤ高地をはじめ、一部の現代マヤ人は、二六〇日暦や三六五日暦を活用している。マヤ暦は、現在まで循環し続けている。

長期暦は、イエス・キリストが誕生したとされる時を起点とする西暦と同様に、暦元、つまり暦を記し始めた「元日」からどれだけ時間が経過したかを数える。暦元は、グレゴリウス暦で前三一一四年八月一一日という学説が有力である。時間の直線性をよく捉えた循環暦、それが長期暦であり、長さが違う五つの単位を用いて表す。

長期暦の単位は、一日を表すキン、二〇日のウィナル、一八ウィナルの三六〇日で約一年のトゥン、二〇トゥンの七二〇〇日で約二〇年のカトゥン、二〇カトゥンの一四万四〇〇〇日で約四〇〇年のバクトゥンである。このうち、トゥンだけ二〇進法に従っておらず、一八ウィナルであることに注意していただきたい。実際の一年の長さに近づけるためだったのだろう。

ティカル遺跡の石碑には、現在のところマヤ低地で最古の長期暦が記されている(図1-17)。一番上の長期暦の導入文字に続き、八バクトゥン(一一五万二〇〇〇日)、一二カトゥン(八万六四〇〇日)、一四トゥン(五〇四〇日)、八ウィナル(一六〇日)、一五キン(一五日)で

図1-17　ティカル遺跡の「石碑29」の長期暦

ある。合計すると、暦元から一二四万三六一五日が経過したことを表す。長期暦には、二六〇日暦と三六五日暦が必ずつき、この場合はそれぞれ一三メンと三シプにあたる。この日は、西暦に換算すると二九二年七月六日であった。

二〇一二年に世界は終わらない

「マヤ文明の終末予言」は、ハリウッド映画『2012』(二〇〇九年)やテレビ番組などを通じて広められた。マヤ文明は、いわゆる二〇一二年の「世界の終末を予言」したのだろうか。ご安心いただきたい。マヤ文明のいかなる碑文にも、二〇一二年の「世界の終末」は記されていないからである。これは現代人のねつ造であり、一九九九年七月の「ノストラダムスの世紀末大予言」の焼き直しにすぎない。マヤ人は、世界の終末を「予言」しなかった。「二〇一二年の予言」は、むしろ現代の社会不安を如実に表しているといえる。

キリグア遺跡の石碑には、長期暦の暦元の日が刻まれている（図1-18）。長期暦の導入文字の下の碑文は左上から読み始め、二行を対にして、左から右、上から下へと読んでいく。それは、一三バクトゥン、〇カトゥン、〇トゥン、〇ウィナル、〇キン、四アハウ（二六〇日暦）、八クムク（三六五日暦）となる。

図1-18　世界遺産キリグア遺跡の「石碑C」に刻まれた長期暦の暦元

「〇バクトゥン」ではなく、「一三バクトゥン」を起点としているのは、「前の長期暦の周期の終わりの日」だからである。私たちが、正午を「午前一二時」と表記した場合は「午前の最後」を意味し、「午後〇時」と表記した場合は「午後の最初」を意味するのと同じといえる。

私たちが生きている「現在の長期暦」は、暦元から一三バクトゥン、すなわち五二〇〇トゥンの一八七万二〇〇〇日を

ピクトゥン
（20バクトゥン）
カラブトゥン
（400バクトゥン）
アラウトゥン
（16万バクトゥン）

図1-19　バクトゥンより上の周期の暦の単位

一周期として、五一二五年余り後の一三バクトゥン、〇カトゥン、〇トゥン、〇ウィナル、〇キン、四アハウ（二六〇日暦）、三カンキン（三六五日暦）の日に一巡する。それは、西暦で二〇一二年一二月二一日にあたる。暦元が八月一三日という説もあり、この場合は一二月二三日に一巡し、二日の「誤差」が存在する。いずれにしても、これは一八七万二〇〇〇日で一巡する「元日」である。私たちがミレニアムを祝ったように、「新たな時代」が始まった。メキシコや中央アメリカ諸国では、この「新たな時代」を利用して、マヤ遺跡の観光振興が推進されている。現在の長期暦が一巡しても、世界は終わらない。

　バクトゥンより上の、周期の長い暦の単位はあったのだろうか。実は以前から、バクトゥンの上には、バクトゥンの二〇倍のピクトゥン（二八八万日の約七八九〇年）、四〇〇倍のカラブトゥン（五七六〇万日の約一五万七八〇〇〇年）、八〇〇〇倍のキンチルトゥン（一一億五二〇〇万日の約三一五万六〇〇〇年）、さらに一六万倍のアラウトゥン（二三〇億四〇〇〇万日の約六三一二万三二〇〇年）という、四つの二〇進法の単位があることが知られていた（図1-19）。

最近のマヤ文字の解読によって、バクトゥンの上には、この四つだけでなく、少なくとも一九もの二〇進法の単位（約二〇〇〇兆年余り×兆倍）が存在したことがわかった。古典期後期（六〇〇〜八〇〇年）にユカタン半島東部で最大の都市であったコバー遺跡の七世紀の石碑には、この一九の単位に一三を掛け合わせた、二京八二八五兆年余りを兆倍した循環暦が記録されている。日数でいうと、一〇の三一乗余りという天文学的な数字になる。地球の年齢は四六億年ほどであるから、マヤ人はそれをはるかに超える過去の時間を計算していた。

このような天文学的な数字を計算した非近代文明は、人類史上でマヤ文明だけである。いずれにせよマヤ人は、前三一一四年を唯一の暦元としていたのではない。彼らは、長期暦よりもはるかに周期の長い循環暦をいくつも用いたのであり、このことからも長期暦が一巡しても世界が終わらないことが明白であろう。

マヤ文字を解読する

マヤ文字とは、どんな文字なのだろうか。それは、漢字仮名交じりの日本語と似ている。つまりマヤ文字は、漢字のように一字で一つの単語を表す表語文字、および仮名文字のように一字で一つの音節を表す音節文字からなる

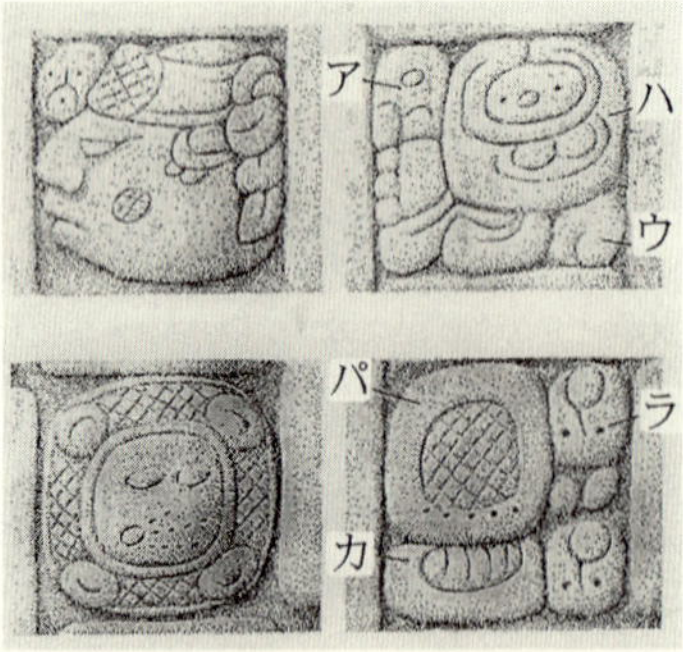

図1-20　マヤ文字の表語文字(左)と音節文字(右)．アハウ〔王〕とパカル〔盾〕

（図1-20）。

たとえば、「王」はアハウと読む。メキシコの世界遺産パレンケ遺跡を代表する大王パカル（第3章で詳述）の名前は「盾」を意味する。マヤの単語は一般に子音で終わり最後の母音を読まないので、音節文字では「パ－カ－ラ」と書いて「パカル」と読む。

ヘンやカンムリといった漢字の部首に相当する、七〇〇ほどの文字素を組み合わせてそれぞれの文字が書かれる。アルファベットのような音素に対応した文字体系はなかった。全部で四万から五万のマヤ文字があるといわれるが、まだ総数は確定していない。文字には、石斧などで彫られた文字と筆やペンで描かれた文字の二種類がある。前者は、石碑、祭壇、石板、まぐさ（出入り口や窓の上の横木や石）、漆喰彫刻、石製容器、貝製品、骨製品、角製品などに彫られた。後者は、壁画、土器、絵文書などに描かれた。マヤ文字の解読には、日本人の文字に対する意識や知識を活用できるかもしれない。

碑文は、少なくとも一万以上ある。ティカル遺跡の「神殿一」の木製まぐさに刻まれた碑文には、ティカルを代表する大王が六九五年に宿敵カラクムル王との戦争に勝利したことが記されている。六九五年に相当する、三つの二六〇日暦（A1、A3、C1）と三六五日暦（B1、B3、D1）が、それぞれ併記されている（図1-21）。「彼の槍と盾が打ち倒された」（A4、B4）、カラクムルのイチャーク・カク王（A5）、ティカルのハサウ・チャン・カウィール王（D4、C5）の名前がある。ティカルの神聖王（D5）とカラクムルの神聖王（B5）の文字は、「紋章文字」と研究者が呼ぶ神聖王の称号であった。

図1-21　ティカル遺跡の「神殿1」の碑文

マヤ文字はいつ頃使われ始めるのか

マヤ文字の碑文の多くは古典期に属するが、最近の調査によって、先古典期後期（前四〇〇年～後二五〇年)の碑文も見つかっている。二一世紀最大の発見といわれる、グアテマラのサン・バルトロ遺跡の前一世紀の壁画には、玉座に座って王冠を受け取る王、その前にアハウ(王)を記した碑文などが多彩色で描かれている(図1-22)。前三世紀の壁画には、アハウの文字を含む現在のところ最古の碑文やトウモロコシの神が描かれている。主食のトウモロコシは、マヤの王権において重要であった。小都市であったにもかかわらず書体の完成度が高いので、より原初的な古い文字がマヤ低地で出土する可能性が極めて高いと、私は考えている。

二〇世紀半ばまで、欧米のマヤ学者は、暦、天文学や宗教儀礼に関するマヤ文字しか解読できなかった。その結果、マヤ人が「時間に運命を支配されていた神秘的な人々」であり、「暦、天文学や宗教活動といった秘儀的な事柄に没頭していた」と拡大解釈してしまった。その後のマヤ文字の解読の画期的な進歩によって、碑文には王の事績や戦争など王朝史が詳細に書かれていることが明らかになっているが、法律文は見つかっていない。

図**1-22**　サン・バルトロ遺跡の壁画に描かれた玉座に座った王と碑文

碑文には、暦や天文学だけでなく、歴史上実在した王や他の支配層の名前、生誕、結婚、即位、死、埋葬、王朝の家系、王朝間の訪問、戦争、大建造物の落成、球技、宗教儀礼、物資の貢納など、個人の偉業や歴史が記された。

マヤの王は複数の后を有することが多く、有力な王朝と同盟関係を結ぶために、政略結婚や訪問が行われることもあった。近隣の王朝の間だけでなく、ホンジュラスのコパンとメキシコのパレンケのような直線距離で四〇〇キロメートル以上離れた王朝の間でも婚姻が成立した。王位は世襲制であり、父から息子への世襲が多かった。しかし兄弟間の相続もあり、男性の継承者がいない場合はまれに女王もいた。

誰が読み書きしたか

誰が、マヤ文字を読み書きしたのだろうか。それは、王族や貴族といった一握りの支配層であった。彼らは、先スペイン期のアメリカ大陸で最も発達した文字体系を占有した。マヤ文字の多くは極めて複雑であり、絵画のような文字、芸術作品のような美しい文字が際立つ。

実際のところ、一つの文字を書くのにかなり時間がかかる場合が多い。読者のあなたも、マヤ文字を書いてみて、その複雑さと美しさを堪能していただきたい。文字の読み書きは、日本の平安時代と同様に、王族・貴族の男女の秘技であった。書道と同様に、マヤ文字を美しく書くことが極められた。芸術品のように洗練されたマヤ文字は、広く伝達するための道具ではなく、農民との差異を正当化し強化する政治的道具であった。

マヤ文字の解読および私も参加したグアテマラのアグアテカ遺跡の考古学調査（第5章）などによって、王以外の王族や貴族は、書記であると同時に石彫を彫刻し、美術品を製作する工芸家になったことがわかっている。書記を兼ねる工芸家は、石造記念碑に王の図像を美しく彫刻した。石碑のような大きな石彫の場合は、高位の彫刻家の署名が複数刻まれており、共同作業が行われた。

支配層に属した書記兼工芸家は、天文観測、暦の計算、美術品や工芸品の製作、戦争、他の行政・宗教的な業務といった、複数の社会的役割を担って自らの権威・権力を強化した「マルチタレント的存在」であった。すなわち古典期マヤの社会では、専業の書記や専業の天文学者は存在しなかったのである。

マヤ人は、叩《たた》き石を用いて樹皮から紙を製造した。絵文書は、樹皮製の紙に漆喰を塗り、マヤ文字や図像が描かれた、アコーディオンのような折りたたみ式の本である。スペイン人は、絵文書を「悪魔の仕業」と決めつけて焼き払った。先スペイン期のマヤの絵文書は、四冊が奇跡的に現存する。その内容の一部は古典期のものであり、後古典期の書記が書き写した写本である。現存する絵文書には、主に神々と宗教儀礼、暦、占星術、予言と天文観測などが記されている。

3　マヤ文明の実像をみる

「謎と神秘」を売るマスメディア

マヤ文明の実像は、日本ではまだあまりよく知られていない。そればかりか、商業主義的な利益を優先するマスメディアによって「謎と神秘の文明」というレッテルを貼られている。テレビ番組の視聴率、映画、一般書や雑誌の売り上げを稼ぐために、謎、不思議、神秘をおもしろおかしく強調して「歪められた」マヤ文明観がねつ造・再生産され、消費され続けている。特にテレビ番組の影響力が強い。ミステリアスな「謎の文明」観は、社会的要求の交差点として、多くの日本人が好んで消費してきたことも事実であろう。

問題なのは、嘘や偽物であるのが明白でありながら、「商品」の制作に利用するという姿勢である。この手のマスメディアは、マヤ文明を未知・謎のままにしておきたいようで、科学的に解明されてしまうと困るのかもしれない。当然のことながら、学問の世界で探求するのは、オカルト的な謎ではなく、学術的な「謎」である。

ねつ造されたマヤ文明の誤解例は、上記の二〇一二年の「マヤ文明の終末予言」にとどまらない。たとえば、マヤ文明は、旧大陸の移民がもたらしたとする数々の誤った説が存在する。その起源地としては、たとえば、エジプト、ギリシア、ローマ、フェニキア、ケルト、イスラエル、メソポタミア、インド、中国、日本、果ては「失われたアトランティス大陸」や「ムー大陸」といった架空のねつ造大陸までが挙げられてきた。

非良心的なマスメディアは、「マヤ文明＝宇宙人起源説」や、「マヤ人が宇宙人と接触することによって英知を得た」とする興味本位の嘘まで流している。「宇宙人や旧大陸の文明が、マヤ文明をもたらした」という誤った説の根底にあるのは、「先住民は独自に高文明を発展できない」という権力格差や人種偏見に根差した見方である。このような偏見に満ちた嘘の生産と消費は、マヤ系先住民の豊かな歴史・文化伝統に対する侮辱以外のなにものでもない。

歪められたマヤ文明観

「マヤの水晶ドクロ（クリスタルスカル）」は、そうした「超古代文明」による場違いな加工品「オーパーツ」とされる。先スペイン期にはなかった回転式の道具を使って加工されているのがその根拠であるが、実際は一九世紀のドイツで製造されたことがわかっている。つまり、マヤ文明とはまったく関係ない。それにもかかわらず、「クリスタルスカル」は、映画『インディ・ジョーンズ』シリーズの『レイダース／失われたアーク《聖櫃》』(一九八一年)や『クリスタル・スカルの王国』(二〇〇八年)であたかもマヤ文明と関わりがあるかのように扱われている。

ちなみに東京ディズニーシーのアトラクション「クリスタルスカルの魔宮」は、マヤ文明の神殿ピラミッドや石碑などをモチーフとしており、多くの日本人にとってまだ親近感の薄いマヤ文明の正確な理解を妨げている。

ミステリアスな「謎の文明」というイメージは、マヤ文明を「世界史上まれにみる神秘的でユニークな文明」とみなした二〇世紀半ばまでの古い見方に由来している。このロマンチックで神秘的なマヤ文明観は、一九世紀から二〇世紀半ばまでの調査成果や多くの憶測に基づいて編み出された。神秘的なマヤ文明観は、欧米のマヤ学者と西洋社会の社会的要求の交差点として、一般の人々にも「事実」として広く受け入れられた。その影響は、日本のマスメディアにも強くみられる。神秘性を過度に強調した時代遅れのマヤ文明観が、一人歩きしているのである。

二〇世紀半ばまで、マヤ文明は、古典期(二五〇～一〇〇〇年)初頭に熱帯雨林で突然起こり、周辺地域から孤立して発展した「変化の少ない均質な文明」とされた。古典期に先立つ先古典期(前一〇〇〇～後二五〇年)の文化水準は、社会階層が未発達な農耕村落社会として過小評価された。

そしてマヤ文明は、古典期末の九世紀に突然「崩壊」し、後古典期(一〇〇〇年～一六世紀)に「退廃」していったと論じられた。古典期マヤ文明は「都市なき文明」であり、一握りの神官支配層が、人口が希薄な「空白の儀式センター」で、天文学、暦の計算や宗教活動に没頭したとされた。

農民は儀式センター周辺に散在した村落に住み、一様に農業に適さないマヤ低地においてトウモロコシを主作物とする焼畑農業だけを行ったと考えられた。古典期マヤ文明は「戦争のない平和な文明」と誤解され、「世界史上まれにみる神秘的でユニークな謎の文明」とみなされたのである。

現実的なマヤ文明観へ

これらを払拭する考古学と関連諸科学による学際的な研究が、二〇世紀の後半から積み重ねられている。マヤ文字の解読が進展し、「謎」に科学のメスが入った。その結果、それほど神秘的ではなく、より現実的なマヤ文明観が構築され続けている。王の事績、貴族の役割、農民の暮らしなど、現に生きた人々の営みが解明されている。その詳細については、次章以降でみていこう。

マヤ文明は「我々人類」の歴史の重要な一部であるだけでなく、現代からもかけ離れたものではない。中米で独自に発展したマヤ文明は、確かに一六世紀以降のスペイン人の侵略によって破壊された。しかし、その子孫の現代マヤ人は八〇〇万人を超え、今日に至るまで形を変えながら現代マヤ文化を創造し、力強く生き続けている。マヤは、私たち日本人からみると、地球の反対側で現在進行形の生きている文化伝統なのである。

次章では、私の「マヤ文明との出会い」について紹介しよう。

第2章

マヤ遺跡を掘る

コパン遺跡の石碑と，妻ビルマ・長女さくら（1995年）

1 ホンジュラスで調査開始！

「青山先生は、どのようにしてマヤ考古学者になったんですか」、大学や講演会などで最も多い質問である。その答えは、東北大学を卒業後、一九八六年に青年海外協力隊の考古学隊員として「たまたま」中米のホンジュラスに派遣されたから。

考古ボーイ、ホンジュラスへ行く

たまたまホンジュラスというのは、数ある派遣国の中で協力要請の内容が、自分の微力な能力を最も生かせそうだったので任国として希望したのにすぎない。それは、遺跡の分布調査(踏査)、測量、発掘調査および大学で専門的に学んだ石器の研究などの遺物の分析を通して、基礎的な考古学データを収集するというものであった。

私はマヤ文明が大好きな「マヤおたく」ではなかったどころか、正直に言ってマヤ文明に関する知識は皆無に等しかった。「国際協力にささやかながら貢献できれば」というのが、協力隊に参加した最大の動機である。

私は、小学校二年生の時から、いわゆる「考古ボーイ」であった。自宅の近くの遺跡で、弥生土器片や石器を集めるのが大好きだった。ふるさとの京都市には「京大至上主義」が存在し、両親や教師は京都大学進学を強く望んでいた。私は「このままでは井の中の蛙になる」という危機感を抱いていた。さらに石器時代に大いに興味を抱いていたので、古墳研究が中心の京大ではなく、芹沢《せりざわ》長介先生を擁して日本の石器研究をリードする東北大学に進学した。振り返ると、一八歳で京都を出なかったならば、今日の自分はないと思う。

石器の研究は、「王墓の発見」のようなセンセーショナルなものではない。多くのマヤ学者の関心が壮麗な大建築、マヤ文字、石造彫刻や土器に集中してきたのに対して、石器の研究は軽視されてきた。一方、石器は石から道具を作るので、マヤ、アステカ、インカ、さらに縄文、弥生であろうが出来る形は限られている。日本で石器研究の基礎を勉強してマヤ文明に応用すると、マヤ高地産の黒曜石からも似たような方法で石器を作ることができる。

私は、一九八六年以来こつこつと地道にデータを積み上げ、二〇一二年現在で一八万点を超える石器を研究してきた。主要利器であった石器の分析を通してマヤ文明の実像に迫り、その高度な政治経済組織をかいま見られるのが研究の醍醐味である。

ホンジュラス共和国は、どんな所だろうか。

ホンジュラスという国

それは、人口が八一四万人（二〇一一年推計）ほどの中米の最貧国の一つである。白人と先住民の混血であるメスティソが国民の九割を占め、先住諸民族が七パーセント、アフリカ系が二パーセント、白人が一パーセントほどである。

国土は一一万二四九二平方キロメートルと中米で二番目に広く、その八割ほどが内陸の高地を占め、木々の緑がとても美しい（図2-1）。その南北は、太平洋とカリブ海に面する。カリブ海のビーチには、エメラルドグリーンの海と白い砂浜が広がる。コロンブスが航海した、グアナハ島やロアタン島からなるバイーア諸島は、国際的な観光地になっており、「地球最後の楽園」として名高い。中流以上のホンジュラス人の新婚旅行に人気のカリブ海リゾートであり、読者のあなたも機会があればぜひとも行っていただきたい。

図2-1　ホンジュラス略地図

ホンジュラスや隣国のグアテマラでは、マヤ文明の遺跡は、少数の国立遺跡公園を除いて保護の対象になっていない。それどころか、盗掘、農作業や開発によって多くの遺跡が破壊の危機に瀕している。ところが人材と資金不足のため、発掘調査がほとんど実施できない状況にある。そんな状況の中で、ホンジュラス西部のラ・エントラーダ地域において、ホンジュラス国立人類学歴史学研究所と青年海外協力隊の国際協力によって、考古学プロジェクトが展開された。同地域は、首都テグシガルパ市から北西へ約三三〇キロメートル、ユネスコ世界遺産のコパン遺跡から東に五〇キロメートルほどにある。

ラ・エントラーダ地域の調査

日本人がマヤ文明の調査を初めて組織的に実施したのが、ラ・エントラーダ考古学プロジェクトであり、三〇名以上の日本人が参加した。ラ・エントラーダ地域はマヤ低地の南東端に位置し、一〇〇年以上にわたって調査されてきたコパン遺跡と、近年になって調査が行われるようになった、さらに東のメソアメリカの非マヤ文化圏の境界にある。ところがその学術的な潜在性にもかかわらず、当プロジェクトの開始までいかなる体系的な調査も実施されていなかった。この「考古学的な空白地帯」を埋めていくのが、私たち協力隊員の第一の使命であった。私は、足掛け七年ほど参加した。

プロジェクトが、大学研究者による調査ではなく、日本の政府開発援助の枠組みの中で実施されたことは、特筆に値しよう。基礎データの収集のほか、後で述べるように住民との交流を通じ、国立遺跡公園として整備して調査成果を地元に還元することができた。重要なのは、プロジェクトに参加したOBの中から、アメリカで博士号を取得した猪俣健さんや私など数名のマヤ学者が生まれたことである。

派遣前の私は、ホンジュラスがどこにあるのかさえ正確に知らなかったが、急速にマヤ文明の研究の面白さに吸い込まれていった。想定外だったのは、着任して二カ月ほどで運命の女性、つまり現在の妻ビルマにテグシガルパ市で出会ったことである。

出会いは、猪俣さんと同期の考古学隊員だった中村誠一さんの結婚式であった。「なんて笑顔が素敵な女性なんだろう、神様の恵みだ」と思った。スペイン語も大学生の時はまったく知らなかったが、協力隊訓練所での四カ月の国内集中訓練、メキシコでの六週間の現地語学訓練、任地での協力活動や生活を通してかなり上手くなった。しかしなんといっても「愛の力」が一番大きく、ビルマと出会ってから格段に上達した。私にとって「遠い外国の遠い昔の文明」が、「恋人が生まれた国の愛の文明」になった。

面の調査

ラ・エントラーダは、どんな所だろうか。ラ・エントラーダ地域は、ラ・ベンタ盆地とフロリダ盆地、これらを結ぶ自然回廊からなり、一五〇平方キロメートルの面積を有する。大部分はコパン県に、一部はサンタ・バルバラ県に属し、六市町村にまたがる。盆地の海抜は、四五〇～五五〇メートルほどである。ラ・エントラーダ市の人口は一万五〇〇〇人ほどであり、コパン県で二番目に多い。私の隊員時代には、水道も電気も個人電話もない「陸の孤島」であった。現在はすべて完備されている。

考古学の調査といえば、どんなイメージをお持ちであろうか。読者のあなたは、小型のスコップを持って土を剝《は》いでいく発掘をまず思い浮かべるかもしれない。このラ・エントラーダ地域での第一期調査では、発掘を実施する前に遺跡の分布調査と測量を行った。これらは、破壊の危機に瀕している遺跡の現状を記録するために必要不可欠である。そして、特定の大遺跡だけを調査するのではなく、調査地域全体を調査対象とした。つまり、「点の調査」ではなく、「面の調査」を実施したのである。

マヤ文明の遺跡の分布調査では、時間的な制約やジャングルのような密集した植生のために、しばしばサンプリング法が用いられる。私たちは、サンプリング法ではなく、トータル・カバー（全面調査）法を用いて、全地域をくまなく踏査した。

ラ・エントラーダ地域の大部分は、大地主が所有する牧草地か、トウモロコシ、マメ、タバコなどの農耕地として利用されている。そのために、ジャングルに覆われた地域と比べると、分布調査と測量を実施しやすい。二万分の一の航空写真を道しるべとしながら、数名の調査員が五〇メートルほどの間隔で歩き、遺跡を一つずつ登録していく。

どのように遺跡を確認するのだろうか。マヤ文明の遺跡では、建造物の石や土が崩れて塚のようになった、マウンドと呼ばれる建造物跡が大半を占める。そのため地表面での観察が容易である。建造物が地下に埋蔵されてマウンドを観察できない遺跡、および開発や盗掘によって建造物跡が破壊された遺跡では、地表面で採集される遺物や建造物に使われた石などから、遺跡として確認していった。その結果、一五〇平方キロメートルの調査地域に、計六三五の遺跡を登録した。調査地域全域の踏査には、三年ほどかかった。

マウンドを分類する

登録した遺跡は、面積、推定される機能、建造物の大きさ、複雑性などをもとに五つの遺跡カテゴリーに分類した。カテゴリーが一の遺跡は、マウンドが観察できない場合である。マウンドを有するカテゴリー二から五の遺跡は、数字が大きくなるほど規模も大きくなる。カテゴリー二の遺跡は農民の住居跡と推定され、三から五までは支配層の遺跡である。最大のカテゴリー五の遺跡は計八つ登録したが、川沿いにほぼ等間隔で分布しており、ラ・エントラーダ地域を割拠した地方都市として機能したと考えられる。

踏査と並行して、マウンドを有するすべての遺跡を測量し、各遺跡で五〇〇分の一の平面図を作成した。マウンドが数個の遺跡は三〇分ほどで測量できるが、カテゴリー五の遺跡では一カ月以上もかかる場合がある。遺跡の測量には、通算で五年の歳月を要した。牧草地や収穫が終わったばかりの農地では、マウンドがよく見える。しかし、日陰がない。炎天下、重い機材を背負いながら遺跡を歩き回る。乾季後半の三月から五月が特に暑い。最高気温は四七度に上昇し、水ばかり飲んでいて食事が進まない。実際のところ、私は乾季の半年で五キロほど体重が減った。

図2-2　ラ・エントラーダ考古学プロジェクトの発掘隊．後列右端が23歳の筆者(1986年)

すべての遺跡で発掘調査を行うことは不可能であるので、サンプリング法で選出した大小様々な三七の遺跡で試掘調査を乾季に三年間行った(図2-2)。野外調査で収集した土器、石器、石彫、動植物遺体などの遺物の整理や分析は、雨季を中心に行った。野外調査や遺物の整理作業は、朝七時すぎから、午後四時頃まで行う。キューバ系の家主の自家発電機を使って朝六時頃に一時間ほど汲みあげられる井戸水を貯めておいて炊事、洗濯や水浴をした。夕方六時から一〇時まで時間供給される電気の下で、その後はコールマン社製のランプの光の下で、専門の石器研究に励み、英語やスペイン語の専門書を読んで暮らした。

野外調査の大敵

野外調査では、何に気をつけるべきだろうか。一番の大敵は、蚊とダニである。ラ・エントラーダ地域は、マラリア汚染区に指定されている。雨季になると、マラリアだけでなく、デング蚊によるデング熱が流行《はや》る。マラリアには予防薬があるが、デング熱にはない。私もデング熱にかかったが、三日ほど四〇度以上の高熱が続いた後、二週間ほど微熱が下がらなかった。頭痛、筋肉痛、関節痛が激しく、全身に赤い発疹ができて力が出ない。解熱剤を服用して安静にしているしかないという、極めて悲しい病気である。

ダニは、特に牧草地に多い。体長一センチメートルほどの大型のダニは、肌に食い込んで血を吸う。小型のダニは、ズボンの上を大量に這い上がってくる。ダニにさされると、痒《かゆ》くて眠れない。キンカンやムヒといった日本の虫さされ薬は、ほとんど役に立たない。しかし半年くらい経つと、それほど痒みを感じなくなってきた。人間、慣れるとなんとかなるものである。三年後、任期を終えて、協力隊指定の東京の病院で健康診断を受けた時に、医者が驚嘆した。全身至る所に虫さされ痕がある私の身体を診て、「君、これ本当に虫さされなんですか。こんなにひどいのは見たことがない」と、しみじみと言った。

毒蛇には細心の注意を払わなければならない。特にサンゴヘビとバルバ・アマリーヤは、猛毒で悪名高く、一年に一度か二度ほど遭遇する。後者は、スペイン語で「黄色いあごひげ」を意味する。ある日の午後、私は、助手のサルバドルとマウリシオと三人で農民の住居跡を測量していた。二人とも当時は、夜間高校に通う二〇歳代の若者であった。サルバドルは、その後、首都のホンジュラス国立自治大学で教育学を専攻し、メキシコの大学院に留学して修士号を取得して世界遺産のコパン遺跡公園長に出世した。マウリシオが今どこで何をしているのかは不明である。

「サンゴヘビがいる」、もう少しで測量を終えようという時に、マウリシオが突然大声で叫びながら私の方に走ってきた。マウンドの上には、確かに毒々しい赤、黒、白の縞模様の毒蛇がとぐろを巻いていた。サンゴヘビは、この辺りで最強のコブラ科の蛇である。

私が「マチェーテで仕留められるか」と聞くと、草刈りをすべくマチェーテと呼ばれる蛮刀をたまたま手にしていたサルバドルが、「いや、僕には無理です」と首を振った。「じゃあ、僕が石を投げつけよう」と提案すると、二人が「絶対にやめた方がいい」と私を強く制止した。「どうしたいんだ」と少しいらついて私が聞くと、「ちょっと待とう」と言う。仕方がないので、三人で雑談に花を咲かせた。しばらくして見てみると、サンゴヘビはどこかに消えていた。最後のマウンドを測量すると、迎えのトラックが到着した。夕方のほんのちょっと涼しい風が、とても心地よかった。

博物館をつくる

隊員が入るまでのラ・エントラーダ地域では、遺跡保護の重要性が十分に理解されていなかった。住民が、家やカトリック教会を建設するために遺跡を破壊し、神殿ピラミッドの石材や石彫を利用したりしてきた。このような状況を改善するために、私たちは「考古学と文化財の重要性」や「プロジェクトの研究成果」など、国民全体を対象に啓蒙活動に力を注いだ。地元の高校で考古学の展示会を催し、全国各地で考古学の講演会を開催した。

それまでホンジュラスの多くの文化財が国外に持ち出されたという苦い歴史があるため、地元の住民は、最初は私たちに対して警戒心をもっていた。「日本人の若者たちは、マヤの財宝を持ち帰ろうとしている」、そんな根も葉もないうわさが立ったりもした。

「ラ・エントラーダに博物館を造ってほしい」、一見して法外な要求が一部の住民から出されたのは、そんな活動を地道に続けていた頃だった。ラ・エントラーダ市が、市の食堂の建物と土地をホンジュラス国立人類学歴史学研究所に無償で提供するという。青年海外協力隊が全面的に展示に協力して、建物を改修し、一九八七年にラ・エントラーダ考古学博物館が開館した（図2-3）。考古学の展示を有する全国で五番目の博物館である。

図**2-3** ラ・エントラーダ考古学博物館（1988年9月15日の独立記念日）

開館後、住民の態度が一変した。土器や石彫をはじめとする「個人コレクション（盗掘品）」を、自ら博物館に寄贈し始めたのである。こうして一年後には、寄贈された遺物が収容しきれなくなった。そこで、もともと講演会に使っていた中央ホールが石彫の展示室に生まれ変わった。これは、「文化遺産は国有物」という意識の一般化といえる、ラ・エントラーダ考古学プロジェクト最大の成果の一つである。

国立遺跡公園とスペイン語の研究書

私は、結局、隊員の二年の任期を延長して、第一期調査に一九八九年まで三年一カ月ほど参加した。一九八九年に現地でビルマと結婚し、一九九〇年から一九九二年まで、

図2-4　エル・プエンテ遺跡の発掘・修復

第二期調査に十数名の隊員チームのリーダーのシニア隊員として、ラ・エントラーダ地域屈指の遺跡の一つエル・プエンテの発掘、修復、遺跡公園化を担当した(図2-4)。

エル・プエンテ遺跡には、高さ一二メートルの神殿ピラミッドや石碑と祭壇の組み合わせがあり、約一平方キロメートルの範囲に二〇〇以上の建造物跡が確認されている。コパンの建築様式と酷似し、ジャガーの図像やマヤ文字が刻まれた石彫なども収集されている。ホンジュラス第二の都市サン・ペドロ・スーラ市で長女さくらが生まれて、マヤは「妻と長女が生まれた国の愛の文明」になり、さらに身近に感じられるようになった。

私たちは、先古典期から古典期のラ・エントラーダ地域の編年を確立し、それまで不明とされていたマヤ低地の南東端の先史解明に大きく貢献できた。研究成果は、ホンジュラスの学会や学術雑誌においてスペイン語で発表し、『ラ・エントラーダ地域における考古学調査』全三巻の研究書としてスペイン語で出版して現地に還元した。

ラ・エントラーダ考古学博物館の展示物は、その後エル・プエンテ遺跡公園の展示室に移された。マヤ文明の遺物だけでなく、ホンジュラス国立博物館長の要請によって、秋田県立博物館から特別に寄贈された縄文土器や須恵器も「ホンジュラスと日本の友情のシンボル」として展示されている。

2　世界遺産コパン遺跡へ

国際調査団に加わる

大都市コパンは、マヤ低地南東部の政治・経済・宗教の中心地として栄えた。ホンジュラス西端に位置し、ユネスコ世界遺産に指定されている。コパンは、標高六〇〇メートルほどのコパン谷に立地し、熱帯サバンナ気候に属する。近くのグアテマラ高地には、翡翠や黒曜石の産地がある。

コパンは、マヤ文明の東の芸術の都であった。三万点以上のモザイク石彫が、神殿ピラミッド、王宮、貴族の邸宅を飾り、独特の丸彫りの立体的な石碑が林立する。コパンは、一九世紀末から一〇〇年以上にわたって調査され、マヤ地域において支配層だけでなく全社会階層について最もよく調査研究された地域になっている。

「コパン遺跡から出土した石器を研究してみないか」、W・ファーシュ先生(現ハーバード大学教授)が、私をコパン遺跡の国際調査団に招いてくれた。その調査団は、当時のマヤ考古学で最大規模のもので、ファーシュ先生は、ラ・エントラーダ地域の私の石器研究の成果を高く評価してくれていた。第一期の調査を終え、ビルマと結婚したばかりの頃だった。そうして私は、一九八九年後半にホンジュラス国立人類学歴史学研究所の研究員としてコパン遺跡の調査に参加した。私は、人口五〇〇〇人ほどのコパン遺跡村で唯一の日本人住民として、新婚生活と新たな研究生活を送った。著名な欧米の研究者や大学院生たちと交流して多くのことを学び、今日まで続く友情を得ることができた。

アメリカ留学

その後、青年海外協力隊のシニア隊員として二年半ほど調査にかかわるのだが、マヤ文明の最先端の研究にふれたいとの思いは抑えがたくなっていた。任期が終了した一九九二年、マヤ文明の世界的権威サブロフ教授を擁するピッツバーグ大学人類学部大学院への留学が実現した。もちろん妻ビルマと生まれたばかりの長女さくらも一緒である。

留学にあたってのファーシュ先生のアドバイスはこうだった。「大学院では一年目は苦しいが、とにかく無我夢中で勉強に専念しなさい。二年目からは楽になる。それから、指導教員に問題を持ち込むのではなく、まず自分で解決策を考えてから選択肢を提示して、先生の時間の節約に努めなさい」

ファーシュ先生のアドバイスに忠実に従ったためか、私はサブロフ先生と不思議とウマが合った。幸いにもハインツ財団から出資されるラテンアメリカ考古学特別研究員に選ばれ、授業料が免除されるだけでなく、研究・生活費や本代が支給された。

留学中の毎年五月から八月までの四カ月間、私は博士論文の研究のためにコパン遺跡の国際調査団で研究に専念した。考古学は共同研究である。調査団の中にはアメリカ人が多くて、しかも誰もがそれぞれかなりの個人主義者といえる。でも妥協して共同研究をしているところが面白い。「石器の分析成果は、全部私のもの」ということで、分業して研究実績は自分のものになるのが特徴である。日本の一部の調査団のように、大先生が自分の研究や関心のために若手研究者や学生を兵隊のようにこきつかうことはない。その辺が国際調査団でははっきりしている。個人の業績のために全体で研究するわけである。

私は、ホンジュラスにおける一〇年間の研究成果を一九九六年に博士論文としてまとめ上げた。家族には新たに二女美智子が加わっていた。アメリカ留学とコパン遺跡の調査は、学者になるか、妻と二人の子供を抱えて路頭に迷うか、という背水の陣だった。私は、結

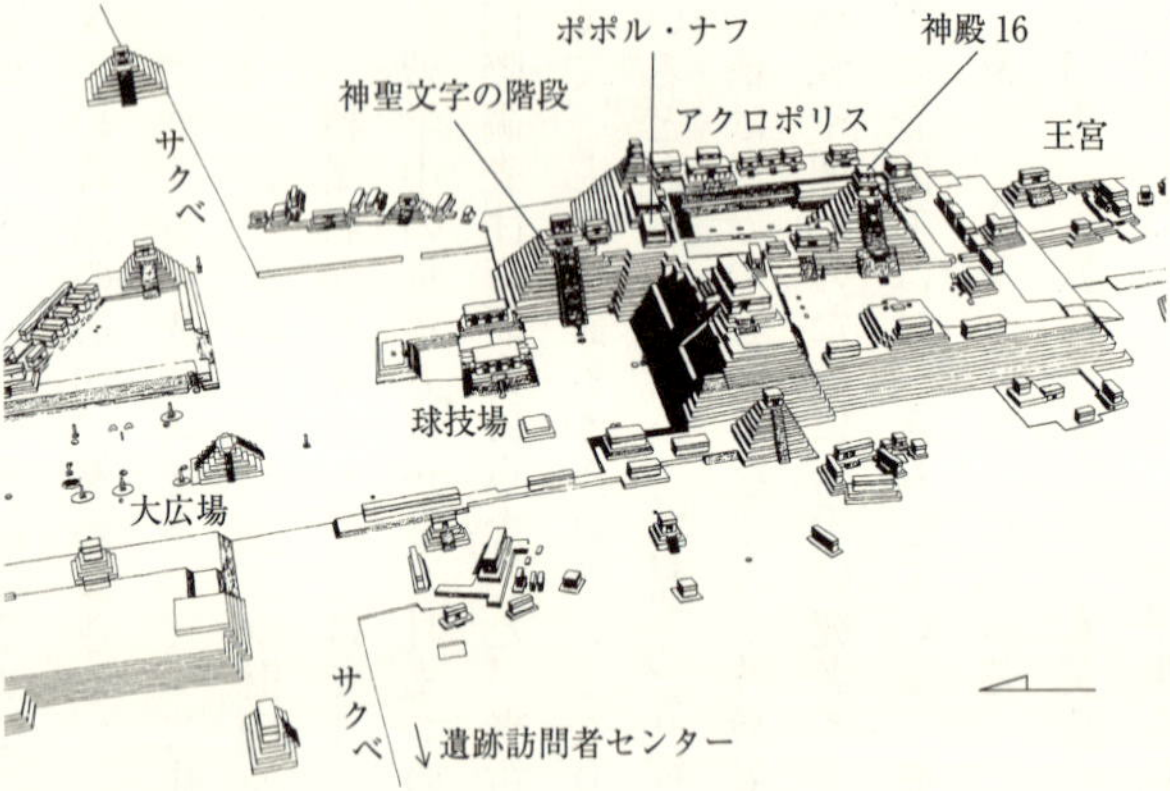

図 **2-5**　コパン遺跡中心部

果的に、四年で修士号と博士号の両方を取得し、博士論文を修正加筆して、英語とスペイン語のバイリンガル版で一九九九年にアメリカで出版した。研究成果を英語で世界に発信するだけでなく、スペイン語で現地に還元することが極めて重要だからである。

「大広場」と石碑

私の研究の舞台であったコパン遺跡をまずご案内しよう。遺跡公園入口には遺跡訪問者センターがある。そこで貴重な発掘の写真や遺跡の模型などの展示をじっくり見てみよう。舗装堤道サクベの上を東に歩いていくと、一三代目の大王ワシャクラフーン・ウバーフ・カウィール(六九五～七三八年統治)の命によって建造された「大広場」に着く(図2-5)。「大広場」には、立派な石碑や祭壇が立ち並ぶ（図2-6）。

マヤ低地の大部分の都市では、建築石材や石造記念碑に使われる石材は、石灰岩が主流であったが、コパンでは凝灰岩が主流で、独特の丸彫り石彫様式で仕上げられた。凝灰岩は、日本では関東の大谷石に代表される柔らかく加工しやすい石材である。

石碑には、様々な盛装の王の図像や碑文が刻まれている。欧米の研究者がアルファベット順に石碑を呼称したために、「石碑A」と呼ばれる石碑では、一三代目王は太陽神の図像に囲まれている（口絵2）。碑文には、コパン、ティカル、カラクムル、パレンケの「紋章文字」が刻まれ、同王がこれらの大都市の王と八世紀に交流したことがわかる。

図2-6　コパン遺跡の「大広場」に林立する石碑と祭壇

図2-7　コパン遺跡の「石碑H」と祭壇

「石碑H」の人物はスカートをはいており、以前は「女王」と誤解されていた(図2-7)。碑文の解読から、女性ではなく、トウモロコシの神の衣装を身に着けた一三代目王であることがわかっている。神聖王であったマヤの王は、宗教儀礼においてしばしば神々の役割を演じて王権を強化したのである。

球技場と神殿ピラミッド

「大広場」を南に進むと、マヤ地域で二番目に大きな球技場がある(図2-8)。球技場の平面は、I字型になっている。二つの建物の傾斜する壁には、オウムの石彫の得点板がはめ込まれた。球技場の周囲には、一万人ほどの観客を収容することが可能であった。

球技は、数人の二チームが一つのゴム球で競った、国家儀礼や政治活動を兼ねたスポーツであった。王が球技に参加することもあり、球技者は王族・貴族であった(図2-9)。ゴム球は、中に空気が入っていない硬いゴムのかたまりであり、当たり所が悪いと骨折してしまう。球技者は、球技具や防具で身を固め、腕、尻や太ももなどにゴム球を打ち当てて、球技場の相手チーム側の端に入れるか、得点板に当てたとされる。

「勝ったチームのキャプテンが、自らの命を神々に捧げるべく喜んで生け贄《にえ》になった」という俗信が、テレビ番組などで放映されることがあるが、まったくの誤りである。重要な祭礼では、負けチームかそのキャプテンが人身供犠にされる場合もあった。当然のことながら、マヤ人も生け贄にはなりたくなかったのであり、命がけで球技を競ったのである。

球技場に隣接して、有名な「神聖文字の階段」がある神殿ピラミッドがそびえ立つ（図2-10）。この神殿ピラミッドは、五世紀から七回にわたり増改築され、七五三年に一五代目王が完成させた。「神聖文字の階段」は、正確には「マヤ文字の階段」である。これは、

図 **2-8**　コパン遺跡の「球技場 A」

図 **2-9**　彩色土器に描かれた球技者

図 **2-10**　コパン遺跡の「神聖文字の階段」

先スペイン期のアメリカ大陸で最大・最長の石造文字資料であり、二二〇〇以上のマヤ文字で王朝史が記録されている。階段正面の石碑には、一五代目王の立像と碑文が刻まれている。これを含む複数の神殿ピラミッドや王宮などの公共建造物が林立する大建築群は、ギリシア文明から借用した呼び方で「アクロポリス」と呼ばれている。それでは、高さ三七メートル、底辺の長さ三〇〇メートルを誇る「アクロポリス」を登ってみよう。

コパンの初代王

マヤ文明の多くの都市では、初代王が実在したのか、あるいは神武天皇のような神話上の存在なのか、よくわかっていない。コパン遺跡では、「アクロポリス」の大規模な発掘調査によって、初代王の治世である五世紀前半の建造物群が発見され、その存在が実証されている。その名前は、キニッチ・ヤシュ・クック・モ王である。キニッチは太陽、ヤシュは緑、クックはケツァル鳥、モはコンゴウインコを意味する。コパン王朝は、一六代目王が死去した九世紀初頭まで四〇〇年ほど継続した。

「アクロポリス」は、五世紀から九世紀まで増改築され、トンネル式の発掘調査によって内蔵された神殿ピラミッド群が見つかっている。「神殿一六」は、コパン最大の神殿ピラミッドであり「アクロポリス」の一部をなす。その内部から五世紀に建造された神殿が発見され、内部の石室墓は初代王の墓と推定されている。その上に増改築された神殿では女性の石室墓が見つかり、初代王の妻と考えられている。

八代目王は、その上に「ロサリラ神殿」を六世紀に建てた。この神殿は、多彩色の漆喰彫刻で装飾され、正面と南側の壁面には、太陽神のキニッチ・アハウおよび緑（ヤシュ）の尾羽根、ケツァル鳥（クック）とコンゴウインコ（モ）の要素をもつ、超自然的な天空の鳥が表象された。図像で初代王の名前を表現したのである。石彫博物館では、石碑やモザイク石彫の傑作だけでなく、「ロサリラ神殿」の実物大のレプリカも見てみよう（図2-11）。

図**2-11**　コパン遺跡の「ロサリラ神殿」の実物大レプリカ

更新される神殿

一一代目王（五七八～六二八年統治）と一二代目王（六二八～六九五年統治）は、長期間の統治を誇り、コパンは全盛期を迎えた。大建造物の外壁は、漆喰彫刻に代わって、モザイク石彫で装飾されるようになった。一二代目王は、「ロサリラ神殿」を破壊せずにそのまま保存し、その上に石造神殿ピラミッドを建造した。

最終段階の「神殿一六」を七七六年に完成させたの

は、最後の一六代目王であった。この神殿ピラミッドは、神聖王の先祖崇拝の神殿であった。初代キニチ・ヤシュ・クック・モ王に続いた王たちは、神殿を更新し続け、より大きな人工の神聖な山を築いて王権を強化したのである。

交換に使われた黒曜石

古典期マヤ文明の諸王国の権力基盤は、何に基づいていたのだろうか。特に経済においてどのような統治機構を有していたのだろうか。あるいは、王国間の交易はどうだったのだろうか。王を中心とする宮廷による経済活動の統御に関して、学者の間で議論が分かれている。

私の石器研究は、これらの問いに答えようとするものだった。私は、マヤ文明の交換を実証的に研究するために、コパン谷や北東五〇キロメートルにあるラ・エントラーダ地域の中小遺跡を含む、様々な地点の発掘調査で出土した九万一九一六点の打製石器を分析した。六万七二一〇点は黒曜石製、残りの二万四七〇六点は地元産チャート製である。

火山ガラスの黒曜石は、コパン谷での打製石器の主流を占めた。メソアメリカでは、黒曜石は、火山がそびえるメキシコ、グアテマラ、ホンジュラスの高地に産地が限定され、交換の研究に有用である。チャートとは、日本では火打石としても使われる堆積岩を指し、マヤ低地で豊富に産出する。石器の年代は、前一四〇〇〜後一一〇〇年にわたり、二五〇〇年という長期間の利用状況を追跡することが可能である。

黒曜石は、どの産地からマヤ低地南東部のコパンに運ばれてきたのだろうか。私はまず高地の原産地に行って、原石サンプルを収集した。そして原石サンプルと比較しながら、肉眼で遺物の産地を同定し、中性子放射化分析という、遺物の微量元素を測定して産地を同定する理化学分析を組み合わせた。

無作為抽出した一〇〇点の黒曜石製石器を、ミズーリ大学で中性子放射化分析した結果、肉眼による産地同定は九八パーセントの精度を示した。中性子放射化分析では、一点当たり二〇〇ドルほどの多額な費用がかかる。肉眼による産地同定では、遺物をコストなしに短時間で同定できるだけでなく、すべての出土遺物を分析することによって黒曜石の流通や消費を詳細に検証できるのが利点である。その結果、メキシコ、グアテマラとホンジュラスの少なくとも計七つの産地から相当量の黒曜石がコパン谷へ持ち込まれたことがわかった。

万能ナイフの石刃

黒曜石製石器のうち最も代表的なのは、両側縁がほぼ平行する定型的な縦長の薄い石器、石刃である。石刃は完全な形で用いられることもあったが、一般的に二つまたは三つに折られて、石刃片として使用された。

万能ナイフであった石刃片は、主に実用品として、手工業生産や調理などの日常生活の様々な作業に用いられた。セイバル遺跡の前五世紀の男性貴族の墓には、一三点の黒曜石製石刃が副葬されていた（図2-12、口絵3）。メソアメリカ最古の一三点の石刃であり、この時期にすでに一三層の天上界を表象する「一三」の数字が重要であったことがわかる。

講義で大学生たちにマヤ文明の石刃を見せた。「石刃って透明ですごくきれいですね」、「薄くて、軽くて宝石みたい」、「石器というと、厚くてごつごつした原始的な道具っていう先入観があったけど、イメージが変わりました」、「マヤ文明って、やっぱり洗練された石器文明だったんですね」といった、発言が続く。石刃は、剃《かみ》刀《そり》のように今なお切れ味が良い。石刃を分析していると、私の指は次第に切り傷だらけになってしまう。バンドエイドは、石器研究者である私の必需品である。

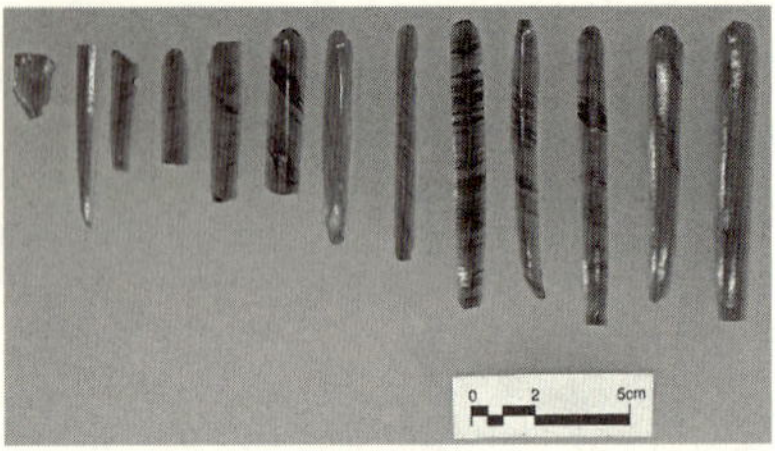

図**2-12**　セイバル遺跡の前5世紀の貴族の墓に副葬された13点の黒曜石製石刃

黒曜石の流通

私の研究によれば、初代キニッチ・ヤシュ・クック・モ王は、直線距離で一二○○キロメートル以上離れている、メキシコ中央高地パチューカ産の緑色の黒曜石製石器を完成品（主に石刃と石槍）として搬入した。緑色黒曜石製石器は、世界の中心の神聖な色の威信財として、古典期前期（二五〇～六〇〇年）の遠距離交換のルートに乗り、少量がマヤ支配層の間を流通した。王はコパンの貴族の忠誠や後援を得るために緑色黒曜石製石器を再分配し、支配層は権威を強化するために用いたのである。緑色の黒曜石は、経済的というよりも、社会的・象徴的に重要であったといえよう。

むしろコパン王国を発展させる上で経済的により重要であったのは、実用品のイシュテペケ産黒曜石で作られた石刃核の地域内・地域間交換であった。九八パーセント以上の黒曜石が、グアテマラ高地のイシュテペケからもたらされた。コパンは、そこから北東八〇キロメートルに位置している。コパン王朝は、イシュテペケという良質の黒曜石産地に比較的近いという立地を大いに利用して、石刃核を産地から直接に入手した。このことは、黒曜石製石刃核を遠距離交換したマヤ低地の大部分の都市と対照的である。

イシュテペケ産黒曜石は、先古典期には主に自然石や大きな石片として持ち込まれたが、古典期にはあらかじめ円錐形に整形された石刃核として地域内を流通するようになった。実験研究によれば、直径一〇センチメートルほどの石刃核から、二〇〇点ほどの石刃が剝ぎ取られた。王を中心とする宮廷によるその統御は、他の要因と相互に作用して、コパン王国を発展させる上で大きな役割を果たした。石刃は、コパンの全社会階層に流通した実用品であった。農民は、支配層に賦役や農作物を提供し、その交換として石刃などを受け取っていたのであろう。

流通域の境界

コパンの宮廷は、イシュテペケ産黒曜石製の石刃核の入手と地域内交換を統御しただけでなく、近隣地域へも供給した。たとえば、ラ・エントラーダ地域を割拠した複数の地方都市の支配者たちは、コパンの宮廷から石刃核を手に入れた。古典期のマヤ低地では、小都市国家が数多く並立したのだろうか。あるいは、複数の広域国家が存在したのだろうか。ラ・エントラーダ地域の黒曜石製石器の分布は、広域国家説に有利に働く。

八世紀のラ・エントラーダ地域では、北端を除いてイシュテペケ産黒曜石が主流を占めたが、コパンから北東に徒歩で三日ほどの約六〇キロメートルの地点でイシュテペケ産黒曜石の分布が急減し、ラ・エントラーダ地域の東三〇キロメートルほどにあるサン・ルイス産黒曜石製石器が大部分を占める。この境界は、マヤ文字が刻まれた石造記念碑、凝灰岩製の石彫や石材を使った神殿ピラミッドの分布の境界とほぼ一致する。ラ・エントラーダ地域の北端とその東の地域では、こうしたコパン王国の支配層文化の要素は皆無であった。広域国家コパンは、ラ・エントラーダ地域の大部分を支配下に置いていたのである。コパン王朝は、周囲の中小都市を統括して広域国家を形成し、少なくとも一部の実用品の地域内・地域間交換を集権的に統御していた。コパン王朝は、石刃核を産地から直接獲得してコパン谷内に分配し、ラ・エントラーダ地域などの近隣地域に供給したのである。

石器の使用痕から

石器は、何にどのように使用されたのだろうか。従来の研究では、石器の機能を明らかにするために、石器の形や民族誌からの主観的な類推、肉眼や低倍率の顕微鏡による観察に頼ってきた。

一九七〇年代に、革命的な研究法が導入された。アメリカ人考古学者L・キーリーが、高倍率の金属顕微鏡を用いた石器の使用痕、つまり使用によって生じた痕跡の研究法を確立したのである。キーリーは、使用痕を実証的に解釈するために、複製石器で体系的な使用実験を行い、イギリスの旧石器時代のチャート製石器に適用した。東北大学の芹沢長介先生が一九七九年にイギリスでキーリーと出会い、日本で初めて石器使用痕研究チームが誕生し、私は幸いにもその一員になった。

使用痕研究は、マヤ考古学ではまだ広範に適用されておらず、私の「伝家の宝刀」になっている。高倍率の金属顕微鏡を用いることによって、肉眼や低倍率の顕微鏡では観察できない微細な使用痕を詳細に分析できる。この分析法を用いて研究しているマヤ学者は、世界でアメリカとカナダの研究者と私の三人だけである。みんながやっていない研究を推進するのは良いことだと思っている。

図 **2-13**　黒曜石製石刃の使用痕の金属顕微鏡写真(木の切断．倍率 200 倍)

最高五〇〇〇回の実験

私は、マヤ文明の石器の使用痕研究の方法論的な枠組みを、ラ・エントラーダ地域で一九八七年に行った体系的な実験に基づき確立した。まず、黒曜石とチャートからマヤ文明の石器を複製した。この複製石器を用いて、草、木、骨、貝、皮、肉、土、石などの様々な被加工物に対して、切る、削る、掻き取る、溝切り、刺突などの操作を行った。こうした実験を通して、石器の作り方や機能を実証的に研究していった。頭で考えているだけではなく、実験しないとわからない部分があると思う。私が使用実験をしていると、周囲のホンジュラス人が興味津々で手伝ってくれた。

「この黒曜石の石器で木を五〇〇〇回削ってください」、「あなたは、鹿の皮の掻き取りを二〇〇〇回やってください」、「あなたは、チャートの石器で土を一〇〇〇回掘ってくださ い」。作業量は、石器によって、最高五〇〇〇回に至った。にぎやかに実験を重ねて、黒曜石製複製石器で一五一点、チャート製石器で一一六点の計二六七の使用実験を完了した。実験数は、キーリーが実験した一三八点のほぼ二倍になった。

私は、実験データをコパン遺跡、グアテマラのアグアテカ遺跡やセイバル遺跡から出土した七三一七点の石器に適用し、マヤ文明の石器の使用痕分析数の世界記録を更新中である(図2-13)。使用痕の分析によって、石器に残された手工業生産やその他の日常生活の諸側面に関する貴重な情報を提供できるのが研究の大きな魅力である。

都市の中心部での手工業

古典期マヤ文明では、都市は主に宗教儀礼の中心地であり、周辺部で生産された手工業品の消費地だったと一部の研究者は主張する。しかし私の研究によれば、コパンでは都市の周辺部よりも中心部において、イシュテペケ産黒曜石製石刃という重要な実用品、石槍、儀式石器が生産されたことがわかる。

コパン最大の神殿ピラミッド「神殿一六」の前では、八世紀に海産貝製装飾品の製作に使われた石器群が見つかった。石器群は、四種類の海産貝製装飾品の未製品や貝殻片と共に出土した。貝を加工したことは、石器の使用痕分析からも明らかである。海産貝製装飾品は、コパン谷では王家と有力貴族の邸宅だけで見つかっている。支配層は、こうした威信財を誇示することによって、権威・権力を正当化・強化したのである。

コパンは、実用品と美術品からなる手工業品の生産と消費の中心地であった。つまりコパンの都市機能に注目するならば、国家的な宗教儀礼や政治活動の他に経済活動もかなり集中していたことが判明したのである。また周辺部では、農業を営みながら、製粉用磨製石器、実用土器や衣服などの余剰生産物を他の世帯と交換する農民もいた。

衰退の要因は

コパン王朝は、一六代目王が最後の王となった。王朝はどのように衰退したのだろうか。

ペンシルバニア州立大学の調査団が、一九八〇年代に沼底の堆積層のボーリング調査を行い、花粉分析によって、都市化、宅地や農地としての利用、薪《まき》を集めるために大部分の森林が伐採されて、八〇〇年頃までにコパン谷では周囲の山々が禿山《はげやま》になっていたという仮説を提唱した。なかでも薪は大量に使われたという。打ち砕いた石灰岩をゆっくりと焼いて、生石灰を製作したからである。これに水を加えて漆喰が作られ、神殿ピラミッドの外壁、広場や道路に塗られた。その結果、森林破壊が助長されたといい、それ以来コパンは、マヤ文明の環境破壊の典型例とされてきた。

ところが、Ｃ・マクニールが二一世紀初頭に同じ沼を再調査して良好な堆積物サンプルを採取したところ、森林が破壊されたのは、「アクロポリス」で大規模な建設活動が開始された五世紀であり、その後は森林がかなり保護されていたことがわかった。上述のように、七世紀頃から大建造物の外壁は、漆喰彫刻に代わってモザイク石彫で装飾されるようになった。コパンの人々は、森林を徹底的に破壊したのではなく、ある程度は森林を守る循環型の文明を創造していたのである。

コパン王朝衰退のきっかけは、キリグア王によるコパン一三代目王の捕獲と殺害であったことが碑文の解読からわかる。キリグアは、コパンの北約五〇キロメートルにあり、それまでコパンに政治的に従属していた。この七三八年の「大事件」は、少数の支配層による奇襲であったと思われる。大規模な戦闘や建造物の破壊の証拠は、いずれの都市からも見つかっていないからである。

キリグアはその後、全盛期を迎えた。新独立都市としての権威を正当化するために、マヤ地域最長の長さ三二五メートル、幅一五〇メートルの「大広場」には、アメリカ大陸最大の高さ約一一メートルを誇る石碑や超自然的な動物を彫刻した祭壇など数々の大石造記念碑が建立された。キリグアでは、建築石材や石造記念碑の石材として、石灰岩ではなく、砂岩、流紋岩、大理石などが用いられたのが特徴である。

一方、コパンの一四代目王(七三八～七四九年統治)は、石碑をまったく建立できなかった。八世紀前半のコパン谷には、約二万人の人口があったと推定されており、人口超過の状態にあった。都市化が進み、非食料生産者が増加し、外部からの食料の輸入に依存していた。古人骨の病理学研究によると、農民だけでなく多くの貴族が栄養不良に陥り、病気であったことがわかっている。

八世紀の後半には、都市人口が減少し始めた。上述した「神聖文字の階段」がある神殿ピラミッドをはじめ、一五代目王と一六代目王の治世中の大建造物は、その壮麗な外観とは裏腹に、乾燥した土と石を詰めただけの極めて脆《もろ》いものであった。一六代目王は、最大の「神殿一六」を完成した後、大建造物を建設できず、自らを埋葬するために比較的小さな神殿を建てただけであった。このことは、王権の弱体化および都市人口の減少による労働力の低下を強く示している。

最後の一六代目王

マヤ文字の解読によれば、一六代目王の父は、一五代目王ではない謎の男性で、母は四〇〇キロメートル以上も離れたパレンケ出身であった。一六代目王は、王位継承を正当化するため涙ぐましい努力をした。「神殿一六」の正面に、歴代一六人の王の像を刻んだ祭壇を建立させ、その正面中央には初代王が王位の笏《しゃく》を一六代目王に渡している。両者の間には、七六三年の王位継承の日付が記された（図2-14）。

発掘調査によって、祭壇の東側から一五体のジャガーの骨が出土した。一六代目王が祭壇を建立した七七六年に、先代の王に一匹ずつ王権の象徴であるジャガーを生け贄として捧げたのである。最強の猛獣ジャガーを一五匹も捕獲するのは、さぞかし大変なことだっただろう。

図 **2-14**　コパン遺跡の「祭壇Q」正面

八世紀の後半には、コパン王朝内で貴族が権力を増し、王権を脅かし始めた証拠がある。マヤ文字が刻まれた石彫が、地元の有力貴族の邸宅で増加した。コパンの「アクロポリス」にある、「筵《むしろ》の家」を意味するポポル・ナフと呼ばれる小さな建物は、王と地元の有力貴族たちが政治的合議を行った会議所と考えられている。その外壁には、九人の支配層男性の座像や三枚の筵状のモザイク石彫がある。筵は、王権や政治権力のシンボルだった。

発掘調査によって、動植物遺体、ほぼ完全な形の実用土器、黒曜石製石器やチャート製石器を含む、ゴミ捨て場がポポル・ナフの後ろで発見された。私が石器の使用痕を分析すると、石器が肉の調理加工をはじめ、相当使いこまれていたことがわかった。ポポル・ナフにおける饗宴の証拠といえよう。以前の超自然的な権威をもつ神聖王による統治に対して、合議による国家運営の重要性が高まったのだろう。常に清潔が保たれていた「アクロポリス」でゴミ捨て場が見つかるのは極めてまれなので、最後の饗宴だったのかもしれない。

武器の増加

私の研究によれば、コパンでは、八世紀末に黒曜石製石槍や弓矢といった武器の生産が増加した。戦士や骸骨といった、戦争や死に関連するモザイク石彫が、神殿の壁面を飾るようになった。さらに王宮や神殿ピラミッドには、火災や破壊の証拠が見つかっている。コパン王朝と地元の貴族の抗争、または外部集団との戦争、あるいは両方によって王権が衰退したと考えられる。いずれにせよ、九世紀初頭のコパン王朝の最期は、決して平穏ではなかった。コパン谷に残った農民も、その後、別の場所に移住していった。

次章では、マヤ文明を代表する他の王朝の盛衰をみてみよう。

第3章

諸王，女王，貴族たち

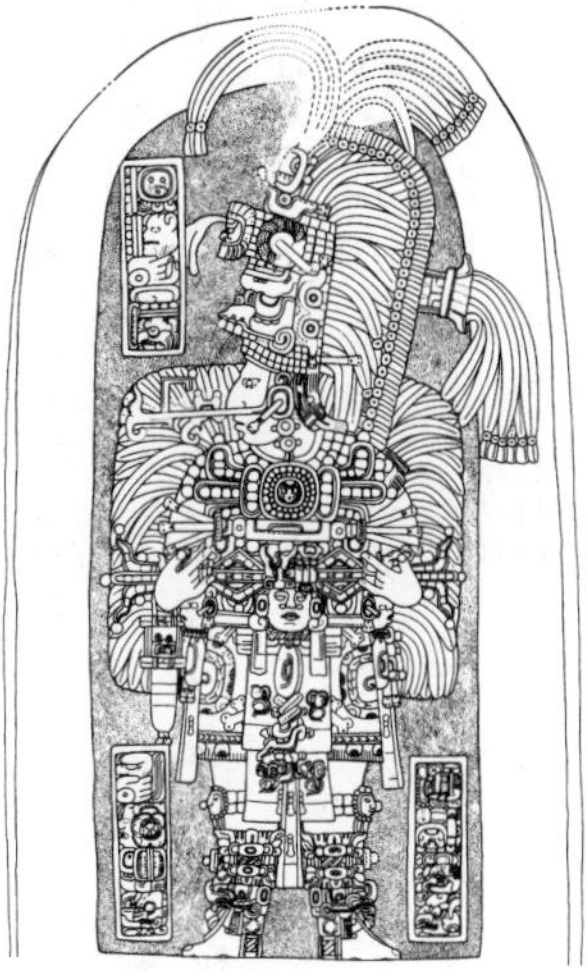

石碑に刻まれたティカルの
26代目ハサウ・チャン・
カウィール王

1　マヤ文明における国家

統一王朝がなかったマヤ文明

古典期マヤ文明において、「国家」はどのようなものだったのか。いくつかの大都市が周囲の中小都市を統括して、複数の広域国家を形成していたのだろうか。あるいは、政治的に独立した小都市国家が、数多く並立していたのだろうか。その答えは、両方である。

古典期後期（後六〇〇～八〇〇年）には、八つほどの広域国家が形成された後に、六〇から七〇ほどの小都市国家が林立した時期があった（図3-1）。マヤの代表的な都市は、すべて同時期に繁栄していたわけではない。マヤ文明には統一王国がなく、先スペイン期を通してマヤ地域はおろか、マヤ低地も政治的に統一されなかった。マヤ低地だけでその面積は三九万平方キロメートルもあり、日本の国土よりも若干広い。輸送・移動手段の技術的限界、熱帯雨林低地のジャングル、高地の激しい起伏などが交通の障害となったこと、さらに文化的・生態環境的な多様性を考慮に入れれば、政治的に統一することは困難だった

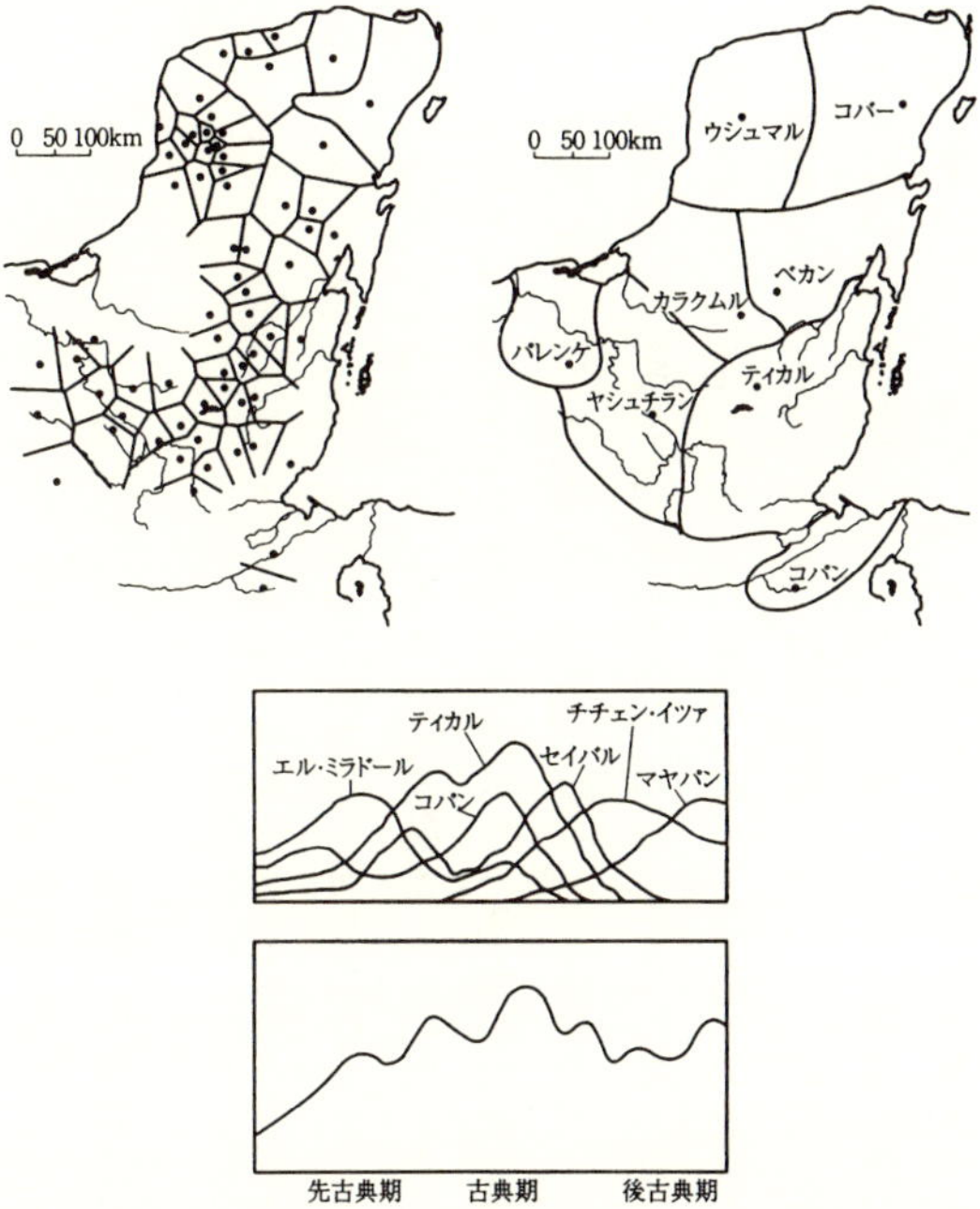

図 **3-1**　古典期マヤ低地の広域国家群(右上)，小都市国家群(左上)，代表的な都市の盛衰(中)，マヤ低地全体の盛衰(下)

のだろう。

都市と王

古典期マヤ文明の都市は、どのように広がっていたのだろうか。住居跡数に基づく大雑把なものであるが、たとえば、ティカルの一二〇平方キロメートルの範囲には約六万人、カラクムルの七〇平方キロメートルの範囲には約五万人、コバーの六三平方キロメートルの範囲には四万～六万人、ベリーズ最大の古典期マヤ文明の大都市カラコル周辺の一七七平方キロメートルには一一万五〇〇〇～一五万人の人口が、それぞれ推定されている。ところが大部分の古典期マヤ都市では、人口が八〇〇〇人未満で人口密度は比較的低く、広い範囲にわたって住居が散在した。

都市の中心部には、王、貴族やその従者からなる宮廷人が住んだ。神殿ピラミッド、王宮、大きな公共広場、球技場が、神聖な世界の中心として配置された。古典期には、それ以前の時代に神殿ピラミッドの外壁を装飾していた神々の漆喰彫刻から、個人の王の像や偉業を刻んだ石碑などの石造記念碑へと王権や宗教観念の表現手段が変わった。王の事績などを記した石碑と祭壇が、神殿ピラミッドの前の大きな公共広場に配置された。さらに多くの労働力を動員して王宮が建造されるようになった。

諸都市が、神聖王を頂点に政治・経済・宗教の中心地として繁栄した。考古学調査と碑文の解読から、マヤの王は、政治指導者であると共に、国家儀礼では最高位の神官であり、戦時には軍事指揮官でもあったことがわかる。専業の神官は存在せず、王や貴族が神官の役割を果たした。神聖王であったマヤの王は、先祖・神々と人間の重要な仲介者であり、神々と特別な関係をもつことによって、あるいは神格化された偉大な先祖の末裔として自らの権威・権力を正当化した。日本の天皇が一九四五年まで現人神《あらひとがみ》として崇拝されたのと同様に、神格化された先祖からの家系を強調することは、王権を正当化する上で極めて重要だったのである。

「放血儀礼」

マヤの諸王は、絶対権力者だったのだろうか。そうともいえない側面がある。たとえば、自らの血を神々や神聖王の先祖に捧げる「放血儀礼」が行われていたことが、碑文の解読や石造彫刻の図像から知られる。王の血は、神々の恩恵や支持を得て、王国の人々の安泰を保証するために、特別な儀式において神殿などで捧げられた。男性の王は、アカエイの尾骨や黒曜石製石刃などで自らの男根や耳を切りつけ、王女は舌などから出血した。なんとも痛々しい。王は、絶対的な権力者というよりもむしろ、宮廷の礼儀作法に縛られた象徴的な存在という側面が強かったといえよう。

諸王国は、遠距離交換ネットワークに参加するだけでなく、戦争を行うこともあった。戦争では王がしばしば捕虜にされ、戦争の勝敗は王国の盛衰に大きく影響した。しかし、旧大陸の「四大文明」のように、一つの王朝が遠く離れた王朝を征服して奪い尽くし、直接統治することはなかった。様々な王国が共存し、多様性を保つことが、マヤ文明の特色であった。強大な統一国家の場合、頂点が崩れると、文明全体が危機に瀕する。多様性は、文明の回復力を高めてくれる。これは、マヤ文明を学ぶ今日的な意義の一つといえよう。

ティカルやカラクムルなど一部の古典期の大都市の大王は、最上位のカロームテという称号を誇った。つまり、すべての王朝が対等の関係にあったのではなく、強大な王朝は、他の王朝に内政干渉を行い、様々な影響を及ぼしたのである。マヤ低地北部では、チチェン・イツァが、古典期終末期(八〇〇～一〇〇〇年)に最大の広域国家の中心都市として栄えた。それは、スケールや時代背景はまったく異なるものの、徳川幕府が天下統一しても外様藩が藩内では自治を保つという状況と比較できよう。

等間隔に分布する都市

私は、マヤ王朝間の上下関係は支配層内でのことにとどまり、各王朝はそれぞれの都市と周辺の住民を統治していたと考えている。この問題を考える上で、都市の等間隔の分布が重要である。比較的平坦なマヤ低地では、大都市が二六～二八キロメートル、小都市が一三～一六キロメートル程度のほぼ等間隔で分布した(図3-2)。この距離は、それぞれ一日と半日の歩行距離に相当する。

大型の家畜や荷車がなかったマヤ文明では、カヌーが使用可能な一部の地域を除いて、様々な物資の輸送や人の移動は、すべて徒歩に頼った。都市の等間隔の分布は、輸送力の制約のために、重くかさばるトウモロコシやマメのような食料や生活必需品を基本的に歩いて運べる距離内で自給していたことを意味する。つまり、ティカルやカラクムルの大王が、他の王朝に内政干渉したとしても、各都市の経済基盤は、基本的に都市周辺の比較的小さな領域に限られていたのだろう。食料が遠方から調達されず、各王朝が適度な距離を保って分散し、独立していたので、マヤ地域には巨大な統一国家は誕生しなかったのである。

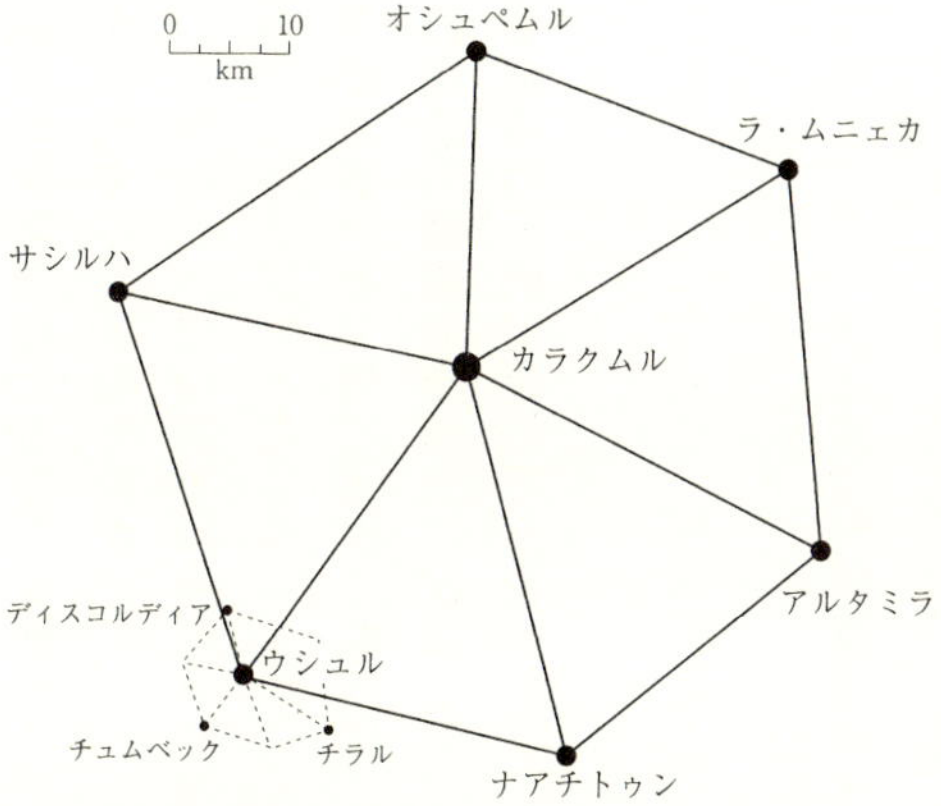

図 **3-2** 大都市カラクムルを中心とする中小都市の等間隔分布

古典期マヤの都市では、南米のインカ帝国や旧大陸の諸文明のような王朝が食料を管理する大きな倉庫はなく、メキシコ中央高地の大都市テオティワカン(前一〇〇～後六〇〇年)のような碁盤の目状の都市計画もなかった。古典期マヤ文明では、古典期メソアメリカ最大の都市であったテオティワカンのように輸送力の制約を超える強力な国家イデオロギーや、発達した官僚組織に支えられた広域国家を形成するには至らなかった。

しかし、マヤの諸王国のそうした側面を強調し過ぎると、偏った見方に陥る可能性があろう。第2章でみたように、少なくともコパン王国では、実用品であったイシュテペケ産黒曜石製の石刃核の入手と流通は、かなり中央集権的な力のもとでなされていた。統治行政機構の諸側面を綿密に検証しなければならないのである。次に、マヤ低地を代表する主要都市の王朝史をみてみよう。

2　ティカルの大王たち

三〇代以上続く王朝

ユネスコ世界遺産のティカルは、グアテマラ最大の古典期マヤ文明の都市であった(図3-3、口絵1)。都市の中心の「大広場」から、幅八〇メートルに及ぶ舗装堤道サクベが放射状に張り巡らされ、主要な公共建築を結んでいた。球技場は全部で五つあった。「神殿四」は、高さ七〇メートルを誇り、ティカル最大であっただけでなく、古典期マヤ最大の神殿ピラミッドである(図3-4)。

マヤ文字の解読によれば、この都市は、古典期には「ムタル」と呼ばれていた。ティカルの居住は、遅くとも先古典期中期の前八〇〇年頃に始まり、古典期終末期の一〇世紀頃まで二〇〇〇年近く続いた。ティカル遺跡の主要建造物の集中発掘調査や土器研究によって、先古典期中期のマヤ文明の起源が明らかにされた。

図 **3-3**　ティカル遺跡中心部の模型

ティカル遺跡で最古の公共建築はどれか。それは、スペイン語で「失われた世界」を意味する「ムンド・ペルディード地区」で見つかった、太陽の運行と関連した建築群である。広場に面して東側に細長い基壇、西側に増改築されて高さが三五メートルになった大きな神殿ピラミッドがそびえる。それらは、前七〇〇年頃から建造され始め、古典期まで増改築が繰り返された。マヤの都市では、太陽が運行する東西の軸が重要であり、ティカルの場合も王権を正当化するために利用された。

「北のアクロポリス」は、底辺の長さが一〇〇×八〇メートルの巨大な建築群である。発掘調査では、古典期の五

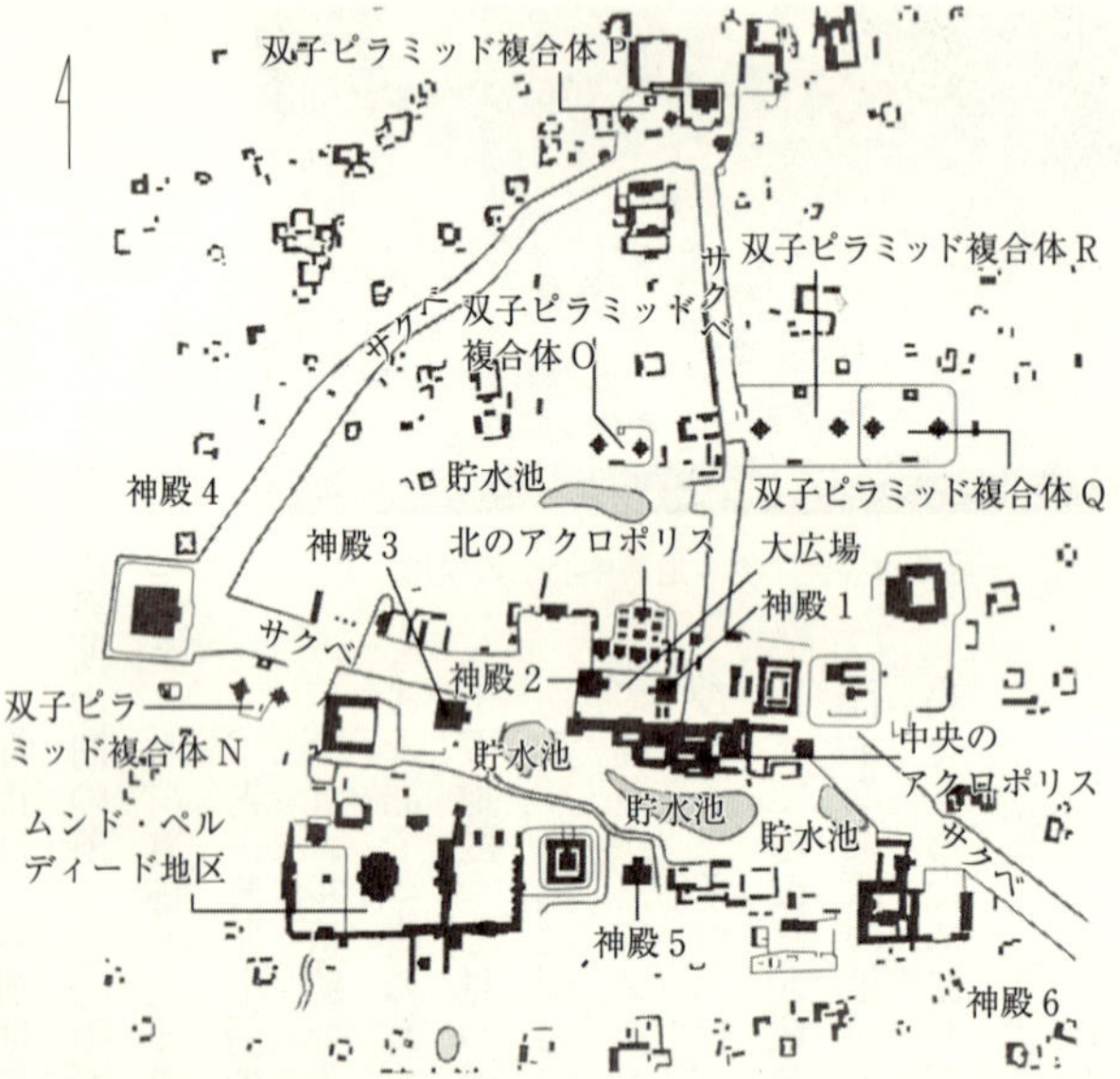

図3-4　ティカル遺跡中心部

つの床面の下から、先古典期の一二の床面およびマヤ・アーチを有する一連の石室墓が見つかった(図3-5)。豊かな副葬品を伴う墓は、すでに階層化されていた先古典期マヤ社会の一面を示す。特に「墓八五」は、目や歯の部分に貝を埋め込んだ硬質の緑色石製仮面、王族が放血儀礼に用いたアカエイの尾骨、海産貝、多数の土器など副葬品が最も豊富である。初代王の墓かもしれない。碑文の解読によれば、ティカルでは後一世紀からほぼ八〇〇年の間に少なくとも三三人の王がいた。

図3-5　ティカル遺跡の「北のアクロポリス」断面図

ティカルは、エル・ミラドール、ナクベ、カラクムルといった先古典期の代表的な都市と同様に、大河川流域ではなく、スペイン語でバホと呼ばれる、雨季に水が貯まる低湿地の近くに立地する。最近の研究によれば、少なくとも一部のバホが、先古典期には湖沼であったことがわかっている。森林伐採によって湖沼の土壌の浸食が進み、堆積物が溜まってバホになったのである。ティカル中心部は、東と西に広がるバホから五〇メートルほどの高さの複数の丘陵上にある。都市形成の要因の一つが、飲み水の確保、湖沼の周辺の肥沃な土壌や豊富な水陸資源であったといえよう。

都市の盛衰

先古典期後期の二世紀頃、エル・ミラドールやナクベといったマヤ低地南部の一部の大都市が放棄された。なぜだろうか。都市化による大規模な森林伐採など環境破壊が進んだ可能性、長期間にわたる干ばつ、都市間の戦争などが示唆されている。

二世紀の先古典期マヤ文明の衰退は、いわゆる九世紀の古典期マヤ文明の衰退に対比しうるものだったのだろうか。今後、環境史を高精度に復元して、因果関係を検証する必要がある。この大変動の中で、ティカル、カラクムルやセイバルは衰退せず、古典期の都市として発展していった。いずれにしても、マヤ文明は、従来考えられていたように「変化の少ない均質な文明」ではなく、動態的で大きな地域差を有した文明だったのである。

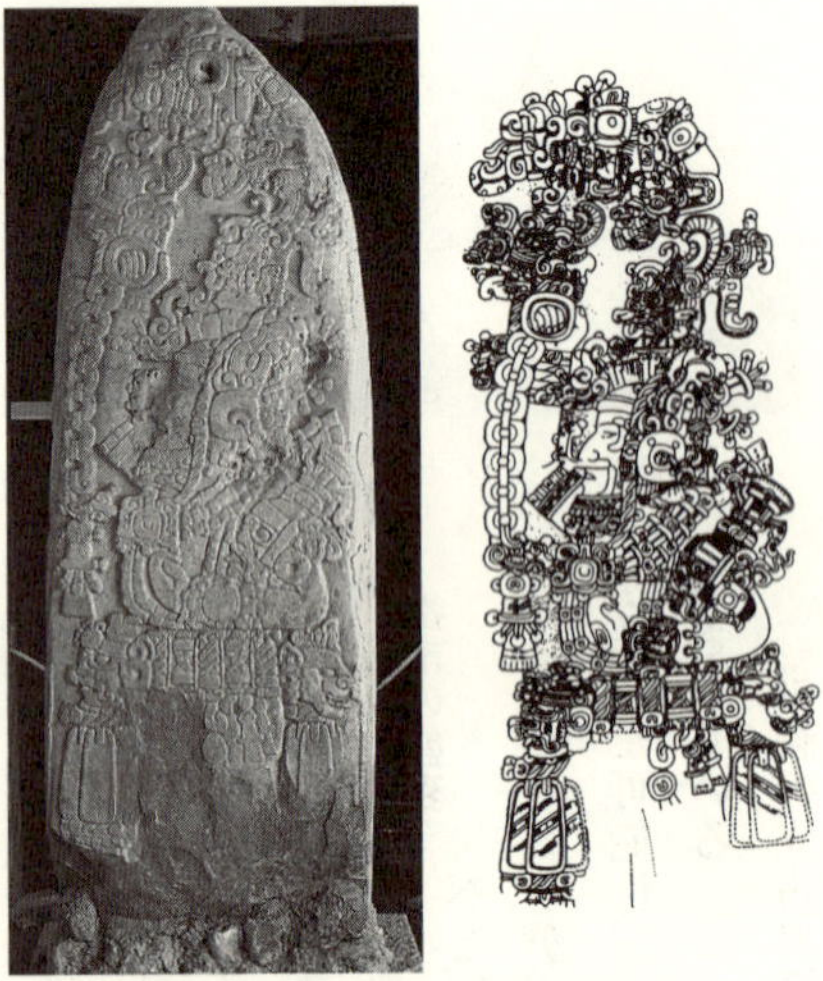

図**3-6**　ティカル遺跡の「石碑31」のシフヤフ・チャン・カウィール王

　ティカルでは、三七八年に大きな政変があった。メキシコ中央高地の大都市テオティワカンから送られたシフヤフ・カフクという男性貴族が、ティカルに到来して内政干渉した。同年、ティカル王が死去し、王の息子ではないヤシュ・ヌーン・アヒーン王が三七九年に即位した。同王は、テオティワカン支配層の政治的協力によってティカル王として即位し、その王権を正当化するために外来文化を取捨選択した。テオティワカンの典型的な建築様式であるタルー・タブレロ様式を模した神殿ピラミッドが建設され、テオティワカンとの交流を強く示すメキシコ中央高地パチューカ産の緑色黒曜石製石器などの遺物やテオティワカン様式の図像が増えた。

有名な「石碑三一」の正面には、典型的なマヤの衣装を身に着けた息子のシフヤフ・チャン・カウィールという大王の像（図3-6）、両側面には、テオティワカン様式の衣装に身を包み、メキシコ中央高地の雨・豊穣の神トラロックが描かれた盾と投槍器を持つ父ヤシュ・ヌーン・アヒーン王の像が彫刻されている。シフヤフ・チャン・カウィール王は、四一一年に即位し、四五六年に亡くなるまで大建造物を建設し、ティカルを最も重要なマヤの都市の一つとして発展させた。

「スター・ウォーズ」はなかった

戦争の勝敗は、都市の盛衰を大きく左右した。碑文の解読によれば、ティカルの宿敵カラクムル王が五六二年に戦争を挑み、ティカルの二一代目王を捕獲し殺害した。その後カラクムルは繁栄したが、ティカルは「停滞期」に陥った。石碑などの石造記念碑が破壊され、六九二年までの一三〇年間、大建造物の建設が中断し、石碑がまったく建立されなかった。遠距離交換ネットワークが遮断され、翡翠などの威信財の搬入が途絶えがちになった。ティカル王朝の支配下あるい

図3-7　かつて「スター・ウォーズ」の文字と呼ばれたマヤ文字

は同盟関係にあった周辺都市もほぼ同時期に衰退した。

一九七〇年代末に、マヤ文字の不正確な解読によって、「古典期マヤ人は、金星の動きに合わせて、特に乾季に宵の明星として最初に昇る時に戦争を行った」という仮説が提唱された（図3-7）。この文字は、上に「星」、下に「大地」、その両側の「雨粒」の要素から構成されているが、「戦争」を示す証拠はまったくない。それにもかかわらず、当時ヒットした映画からか、想像力豊かに「スター・ウォーズ」の文字と呼ばれ、五六二年のティカルとカラクムルの戦争がその典型例の一つとされた。ちなみにティカル遺跡は、映画『スター・ウォーズ』（一九七七年）では反乱軍の秘密基地として登場する。最近の研究によって、碑文に記された数々の戦争は金星の動きとは相関関係がないことがわかった。つまりマヤの諸王朝は、「スター・ウォーズ」を行っていなかったのである。

ティカル復興の王

ティカルを「停滞期」から復興した、最も偉大な大王は誰か。それは、六八二年に即位した二六代目ハサウ・チャン・カウィール王であった（本章扉参照）。第1章でもみたように、同王は、六九五年にティカルの長年の宿敵カラクムルとの戦争に勝利したのである(図1-21参照)。この大王の治世中に、高さ四七メートルの「神殿二」、「神殿三」や高さ五七メートルの「神殿五」が建設された(図3-8)。

二六代目王は、その統治を過去のティカルの大王のそれと重ね合わせることにより王権を強化した。ティカルの代々の神聖王が埋葬された「北のアクロポリス」を大規模に増改築し、シフヤフ・チャン・カウィール王が建立した「石碑三一」を「北のアクロポリス」中央の大神殿ピラミッドに儀礼的に埋納したのである。

図3-8　ティカル遺跡の「神殿1」(右)と「北のアクロポリス」(左)

ハサウ・チャン・カウィール王の遺骸は、「神殿一」内のマヤ・アーチを有する壮麗な石室墓に埋葬された(口絵4)。王陵(王や王家の重要人物を葬り祀る巨大な記念碑的建造物)であった「神殿一」のピラミッド状基壇は九段であり、九層からなるマヤの地下界を象徴する。遺骸の下には、王権のシンボルであるジャガーの毛皮、その下には同様に王権のシンボルの筵《むしろ》が敷かれていた。副葬品は、豪華を極める。多数の彩色土器、真珠、貝製の装身具、ほら貝の形に造形されたカリ長石製皿、アカエイの尾骨などが副葬された。頭飾り、首飾り、耳飾り、ブレスレット、足首飾りなどの翡翠製品は、計三・九キログラムに及ぶ。王の超自然的な権威・権力は、大量の翡翠製品の副葬によって正当化・強化されたのである。

葬送儀礼の一部として、約一トンもの一五万七〇〇〇点ほどのチャート製石器の製作くずと約二五〇キログラムに及ぶ三八万点ほどの黒曜石製石刃の製作くずが、ハサウ・チャン・カウィール王の石室墓を覆った。大量の石器の製作くずが、諸都市の神殿ピラミッド内部および王や貴族の墓の周囲に埋納された。支配層は、黒曜石製石刃とチャート製石器の生産や廃棄にも関わっていたのである。

小宇宙としての建造物

ティカルの諸王は、建造物を小宇宙として配置して、王権を正当化するために利用した。「双子ピラミッド複合体」では、暦のカトゥン(七二〇〇日の約二〇年)周期の完了記念日を祝う儀礼が行われた。広場の東側と西側に双子のように配置された二つのピラミッドは四方に階段を有し、「太陽が日の出と日没に利用した」と解釈されている(図3-9)。広場の南側にある九つの入口をもつ長い建物は地下界とその九人の王を、北側にある内部に石碑と祭壇が建立された屋根のない囲いは天上界を象徴した。王は神格化され、超自然的な権威が正当化されたのである。「双子ピラミッド複合体」は六世紀から建造され始め、ティカルでは全部で九つ確認されている。二六代目ハサウ・チャン・カウィール王は、カトゥン周期の完了記念日を壮大に祝い、「双子ピラミッド複合体」を三つも建造した。

ティカル中心部の「大広場」にも、同様なパターンが見られる(図3-4参照)。「大広場」をはさんで東西に二つの神殿ピラミッドが向かい合う。南側の「中央のアクロポリス」は、宮殿建築群が六つの中庭を囲む建築群であり、そこには九つの出入り口をもつ建造物がある。そして、天上界を象徴する北側の「北のアクロポリス」には、先古典期後期と古典期前期の代々の王が神格化して埋葬され、その神聖性が強化されたのである。

図**3-9** ティカル遺跡の双子ピラミッド複合体

水を確保する貯水池

乾季に水が不足するティカルやカラクムルのような大都市では、王による公共貯水池の建設と管理が重要であった。ティカルは、神殿ピラミッドなどの公共建築や地面が漆喰で完全に舗装された「漆喰コンクリートの都市」であった。丘陵の上に建設されたティカルは、漆喰で固められた広場に人工的な傾斜をつけて、雨水を漏らさず誘導して公共貯水池に集めた、いわば「神聖な水の山」でもあった。年間降雨量を一五〇〇ミリメートルとすると、都市中心部だけで九〇万立方メートルの貯水が可能だった。

ティカルでは、最も大きな公共貯水池が都市中心部のほぼ四方向に建設され、大公共建築群と隣接していた。このことは、王権と水源の管理を結びつける象徴的な意味があったことを強く示唆する。王は、公共貯水池の建設と管理および水に関連した儀礼によって権威を強化したのである。

巨大化の果てに

二七代目イキン・チャン・カウィール王は、七三四年に即位し、父の偉業を受け継ぎ、ティカルを古典期後期最大の都市として発展させた(図3-10)。同王は、七四三年にエル・ペルー、七四四年にナランホといった近隣の都市との戦争に次々と勝利した。ティカル最大の「神殿四」を建設し、「中央のアクロポリス」を増改築した。現在、「神殿四」の側面に設置された急な木造階段を登って、上部の神殿まで行ける。そこからの眺めは、ジャングルの樹海の上に神殿ピラミッド群がそびえ立ち、まさに絶景である(第1章扉参照)。

漆喰コンクリートで舗装され、巨大化した大都市ティカルは、黄昏時の到来を象徴していたのではないだろうか。日本のバブル景気による建設ブームと似ているような気がしてならない。古典期後期の八世紀には、人口は六万人ほどに増加した。都市の人口増大、宅地や農地の拡張、薪採集によって、森林が伐採され続けた。環境破壊に拍車をかけたのが、漆喰であった。大量の薪を燃やして漆喰が作られ、巨大な神殿ピラミッドの外壁、広場や道路にふんだんに塗られ続けた。石灰岩は無限に近いほど豊富であるが、森林はそうではない。ティカルは、熱帯雨林という環境に適応し、水と食料を確保して大都市として繁栄した。しかし巨大化の果てに、その限界を超えて衰退していったのである。

ティカルでは、石碑に八一〇年の暦が刻まれてから、六〇年近くも石碑が建立されなかった。ティカルは、衰退期にあった。度重なる戦争に加えて、都市周囲の水位が低下したという説がある。そのために、水や食料が不足するようになったのだろう。

図**3-10**　ティカル遺跡の翡翠モザイク容器の傑作．トウモロコシの神に扮した27代目王かその息子の28代目王とされる

石碑に刻まれた最後の長期暦は、八六九年である。それは、あの偉大な二六代目の大

王と同名のハサウ・チャン・カウィール二世王が建立させた。ティカルの九世紀中頃の人口は、全盛期の一五〜二〇パーセントに減少していたと推定される。そして、都市は一〇世紀に放棄されたのである。

3　パレンケの大王パカル

「大いなる水」の都市

マヤ文明の東の芸術の都コパンと並び称される都がある。それが、西の芸術の都、メキシコのパレンケである。ユネスコ世界遺産のパレンケは、マヤ低地の西端、チアパス高地山腹の丘陵上に立地する。神殿ピラミッドの上からは、広大なメキシコ湾岸低地を一望できる。王宮の「宮殿」を中心に、穴の開いた屋根飾りや傾斜のある屋根をもつ優雅な建物が立ち並ぶ(図3-11)。王や貴族の人物像をはじめとする、建物の外壁を飾る立体的な漆喰の浮き彫り彫刻が美しい。コパンやティカルのような大きな石碑がなく、碑文は石碑状の石彫を除き、主に石板や壁に刻まれているのが特徴である。

「パレンケ」は、スペイン人が名付けた地名の一部から取られた「柵」を意味するスペイン語である。マヤ文字の解読によれば、古典期マヤ人は、この都市を「大いなる水」を意味する「ラカム・ハ」と呼んでいた。山腹から湧き出る数本の小川が、都市や近郊に流れ、人々に飲み水を供給した。「宮殿」の近くの小川は、古典期に建造された石造の水路を通り、長さ五五メートルのマヤ・アーチの地下水路へと今も流れている。川沿いを歩くと、美しい滝も堪能できる。「ラカム・ハ」は、小川のせせらぎが聞こえる都市であった。

図 **3-11**　世界遺産パレンケ遺跡の「十字の神殿」．左後方に「宮殿」

パレンケは、いつ頃から栄えたのだろうか。発掘調査の結果、遅くとも先古典期後期に居住され始めたことがわかっているが、最盛期は七世紀である。

碑文の解読によれば、パレンケには少なくとも一六名の王が君臨した。「ケツァル鳥・ジャガー」を意味する初代クック・バフラム王は、古典期前期の四三一年から四三五年まで統治したとされる。コパンの初代王キニッチ・ヤシュ・クック・モと、同じ時代を生きたことになる。碑文には、先古典期中期の前九六七年に即位したという「伝説の王」、および後二五二年に神殿を捧げたという「初代王以前の王」についても触れられている。

初代王、そしてそれ以前の王たちは実在したのだろうか。二〇世紀末の測量によって、都市中心部の二・二平方キロメートルの範囲に、一五〇〇近い建造物が登録された。ところが、実際に発掘されているのは二パーセントに満たない。今後の発掘調査によって、多くの学問的な謎が解かれていくだろう。

女王もいた

七代目王には男性の継承者がいなかったために、イシュ・ヨフル・イクナル女王が五八三年に八代目王として即位した。彼女は、古典期マヤ文明の数少ない女王であり、現在のところパレンケ王朝で確認されている唯一の女王である。女王は六〇四年に亡くなるまで二〇年余り統治したが、五九九年に強大なカラクムル王朝との戦争に敗北した。

パレンケでは男性の九代目王が六〇五年に即位したが、六一一年に再びカラクムル王朝に侵略され、九代目王は六一二年に亡くなった。パレンケ王朝は、危機的な状況にあったといえよう。

パカル王の事績

マヤ文明で最も有名な大王は誰か。それは、弱冠一二歳で六一五年に王位に就いた、一一代目のキニッチ・ハナブ・パカル王、通称パカル王である。パカル王は、六八三年に亡くなるまで実に六八年に及ぶ長き治世を誇り、パレンケ王朝を復興し、黄金時代を築き上げた。パカル王は、従来は「女王である母から王位を継承した」とされていた。

ところが最新のマヤ文字の解読によって、一〇代目王（六一二～六一五年統治）は男性であったことがわかっている。しかもパカル王の父は、一〇代目王ではなく、外部出身かもしれないという謎の人物である。どのような状況で、パカルは王に即位できたのだろうか。いずれにせよ、パカル王の初期の統治は、母あるいは父による古典期マヤの「摂政政治」だった。パカル王の母は六四〇年に、父は六四三年にそれぞれ亡くなった。

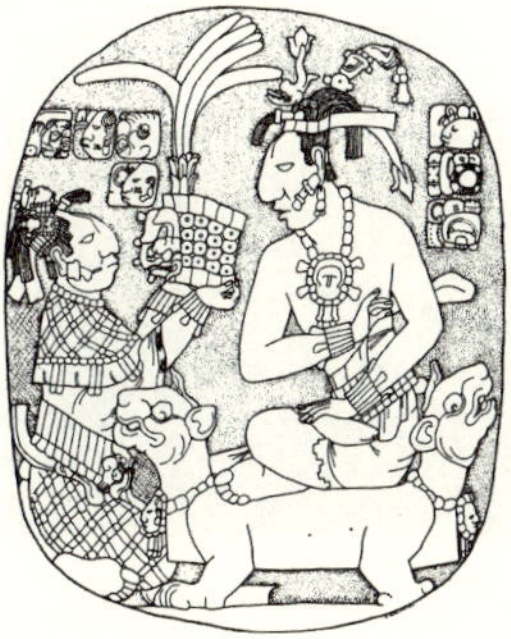

図**3-12**　パレンケ遺跡の「楕円形の碑石」

パカル王は、七世紀半ば頃から「宮殿」を増改築した。六五四年に落成した部屋の壁には、有名な「楕円形の碑石」がはめ込まれており、パカル王が双頭のジャガーの玉座に座り、母から王冠を受け取っている（図3-12）。母による「摂政政治」を裏付ける。注目すべきことに、パカル王は、一二歳の子供ではなく、成人の王として彫刻されている。つまり、碑石には現

図3-13　パレンケ遺跡の「宮殿」

実に起こった歴史的な出来事ではなく、当時四九歳であった成人の王と亡き母が象徴的に表象されているのである。

パカル王は、パレンケの東七〇キロメートルほどにあるサンタ・エレナとの戦争に六五九年に勝利した。パレンケ軍は、宿敵カラクムル王朝と同盟を結んでいたサンタ・エレナの王と六人の貴族を捕虜にした。「宮殿」の「捕虜の中庭」には、パカル王の勝利を記録した碑文の階段、および跪《ひざまず》いた六人の捕虜が彫刻された石板がある。パカル王は大王として、マヤ低地西部に広域国家を築いていった。

後の王たちが増改築し続けた結果、「宮殿」は九一×七三メートルという、パレンケ最大の床面積を誇る建造物になった（図3-13）。多くの部屋、中庭、回廊、階段、地下通路などが複雑に配置されている。まるで迷路のようである。マヤ文明ではまれな「水洗トイレ」の遺構も見つかっている。王家専用のトイレだったのだろう。宮殿にそびえ立つ四重の塔は、マヤ文明ではとても珍しい塔建築で、高さは一八メートルである。物見やぐら、天文観測や宗教儀礼などに使われたのだろう。

王陵としての神殿ピラミッド

「碑文の神殿」は、高さ二五メートルを誇る、パレンケ最大の神殿ピラミッドである（図3-14）。それは、パカル王を葬り祀る巨大な記念碑的建造物、つまり王陵としてパカル王の治世中から建設された。九段のピラミッド状基壇は、ティカル遺跡の王陵の神殿ピラミッドと同様に、九層からなるマヤの地下界を象徴する。上部の神殿とピラミッド状基壇の内部の石室墓は、階段と通気孔で結ばれていた。パカル王の息子の一二代目キニッチ・カン・バフラム王（六八四～七〇二年統治）は、父の遺体をマヤ文明最大の石室墓（長さ一〇メートル、幅四メートル、高さ七メートル）に葬った。

図3-14　パレンケ遺跡の「碑文の神殿」

　四メートルほどの大きな石棺の蓋には、パカル王が地下界に下っていく、あるいは再生していると解釈される場面が彫刻された。一枚岩を加工した石棺の中に、翡翠のモザイク仮面や豪勢な装飾品と共に、赤く染められたパカル王の遺体が埋葬された。メキシコ人考古学者A・ルスは、「碑文の神殿」の発掘調査を進めて四年目の一九五二年に王墓を見つけた。この二〇世紀最大の発見によって、「マヤの神殿ピラミッドは墓ではない」という従来の説が否定され、その後、他の遺跡からも王墓が次々に発見されたのだ。

太陽を意識した設計

太陽は、パレンケにおいても王権を正当化する政治的道具として利用された。冬至の一二月二一日、「碑文の神殿」の後ろを太陽が地下界に入っていくかのように沈むのが、四重の塔から観察される。また同日午後には一年で一回だけ、太陽が、キニッチ・カン・バフラム王が即位を記念して建立した「十字の神殿」の正面と内部をスポットライトのように照らし出す。父から子へ王権が移った歴史的事実を、象徴的に演出したのである。

「十字の神殿」の石板は、パレンケ遺跡で最も有名な彫刻といえよう（図3-15）。中央には双頭の蛇の儀式棒によって、十字状に表象された世界樹のセイバがあり、その上には天上界の鳥が止まっている。両側には、六四一年に六歳だった子供と六八四年に王に即位した成人の姿のキニッチ・カン・バフラム王が刻まれた。

「碑文の神殿」の隣の神殿ピラミッドでは、一九九四年に石室墓が発見された。一枚岩を加工した石棺には、四〇歳くらいの高貴な女性が、翡翠製品などの豪華な副葬品と共に葬られていた。遺体は水銀朱で赤く染められていたので、「赤い女王」と呼ばれている。

被葬者は、誰なのか。残念ながら、墓には碑文が見つからなかった。DNA分析の結果、パカル王の肉親ではないことがわかった。パカル王の妻だったのだろうか。

パレンケ王朝の終焉

キニッチ・カン・バフラム王が率いるパレンケ軍は、六八七年に南六五キロメートルにある都市トニナとの戦争に勝利し、トニナ王を捕獲した。キニッチ・カン・バフラム王の弟が七〇二年に一三代目王として即位するが、七一一年に逆にトニナとの戦争に敗れ、捕虜にされた。その後、パレンケはかつての栄光を取り戻すことはなかった。

図3-15 パレンケ遺跡の「十字の神殿」の石板

七六四年、パカル王のひ孫が一六代目王として即位するが、「宮殿」を小規模に増改築しただけであった。土器に刻まれた碑文の最後の日付は、七九九年に相当する。八世紀の前半まで過密であった都市の人口は徐々に減少していき、パレンケは一〇世紀に放棄された。

4　チチェン・イツァの大王たち

マヤ低地北部では、古典期後期から、チチェン・イツァ、ウシュマル、コバー、ツィビルチャルトゥンなどの大都市が栄え始め、マヤ低地南部の多くの都市が衰退した古典期終末期(八〇〇～一〇〇〇年)に全盛期に達した。マヤ文明の中心は、マヤ低地南部からマヤ低地北部に移った。つまりマヤ低地北部の大部分の都市では、いわゆる「九世紀の古典期マヤ文明の衰退」はなかったのである。

暦のピラミッド

世界で最も有名なマヤ文明の遺跡はどれか。それはおそらく、メキシコの世界遺産チチェン・イツァ遺跡であろう。春分と秋分の午後、「エル・カスティーヨ」、別名「ククルカン・ピラミッド」の北側の階段に当たる太陽の光と陰とが、風と豊穣の神ククルカン(羽毛の生えた蛇神)を降臨させるからである。春分と秋分の前後に限り、階段に蛇神が現出する。これを見るために、世界中から数万人の観光客が集まってくる(図3-16)。

「エル・カスティーヨ」は、この都市で最大の神殿ピラミッドで、底辺六〇メートル、高さ三〇メートルを誇る。高さ二四メートルの基壇の四面には、それぞれ九一段の階段があり、基壇の上にある高さ六メートルの神殿に続く階段一段と合わせて計三六五段となる。「エル・カスティーヨ」は、三六五日暦、つまり太陽暦のピラミッドであった。それは磁北から一七度ほど傾けて、長さ三四メートルほどの「光の大蛇」が空から降臨するように設計された壮大な政治的装置だった。王、貴族と都市住民が強力な宗教的体験を共有したのだろう。大蛇崇拝は、古代日本と共通する。

図3-16　「光の大蛇」(左)が降臨した「エル・カスティーヨ」

マヤの書記を兼ねる天文学者は、どのように肉眼だけで正確に天体を観測したのだろうか。それは、同じ星が同じ場所へ回帰する周期を知るという方法であった。現代人のように望遠鏡を見たい星に向けて、拡大して観測する必要はなかった。チチェン・イッツァには、長方形の基壇の上に建つ、三層の円柱形の天文観測所があった(図3-17)。内部に巻貝のようならせん状の階段を有していることから、スペイン語で「巻貝」を意味する「カラコル」と呼ばれている。その観察窓からは、春分と秋分の日没、月や金星が観察された。また、その基壇の北東隅は夏至の日の出、南西隅は冬至の日の出の方角を指した。基壇に立つ石碑の日付は、九〇六年である。

図3-17　チチェン・イツァ遺跡の天文観測所

国際都市チチェン・イツァ

チチェン・イツァは、古典期後期・終末期のマヤ低地北部で最大の国際都市であった。七〇〇年頃から繁栄し始め、九〇〇〜一〇〇〇年が最盛期である。都市は少なくとも三〇平方キロメートルにわたって広がり、人口は三万五〇〇〇人を超えた。舗装堤道サクベは、メソアメリカで最多の九〇を超え、都市中心部から放射状に通っている。

チチェン・イツァには、球技場がマヤ地域で最多の一三ある。メソアメリカ最大の「大球技場」は、一六八×七〇メートルもあり、とても広い。その直立する壁には、地上七メートルのところに石輪がありゴム球を通したとされるが、実際には至難の業だっただろう。

大球技場の一部を構成する「ジャガーの神殿」には、戦争、人々、町などの場面の壁画が描かれている。戦士、ワシ、ジャガー、捕虜などの石彫で装飾された「戦士の神殿」の前には、かつて屋根が覆っていた多柱回廊「千本柱の間」が見える。その背後には、熱帯雨林ではなく、熱帯サバンナに特徴的な低木林の密林が茂る地平線が広がる（図3-18）。

王墓はどこに

チチェン・イツァでは、まだ王墓が見つかっていない。私は、蛇神の降臨する「エル・カスティーヨ」は、王陵なのではないかと考えている。「エル・カスティーヨ」の基壇は、王墓を内蔵するティカルの「神殿一」やパレンケの「碑文の神殿」と同様に九段である。実はこのピラミッドは、一度に建設されたのではない。発掘調査により、内部に前段階の高さ一六メートルの神殿ピラミッドが埋蔵されていることがわかっている。見学用トンネル内に設置された狭く急な階段を昇ると、内部の神殿まで行くことができる。

内部の神殿の部屋には、チャックモールと呼ばれる仰向けになって腹部に皿を乗せた男性戦士の石彫、その奥に赤に彩色されたジャガーの玉座の石彫がある。ジャガーには、翡翠が目と斑点にはめ込まれている。これら王

図3-18　チチェン・イツァ遺跡の「戦士の神殿」．背後に低木林の密林

権のシンボルを備えたこのピラミッドからは、将来の発掘調査で王墓が発見される可能性は十分にあるといえよう。

大王と交易

碑文によれば、カクパカル・カウィールという王が八六九〜八八一年頃に統治した。植民地時代のスペイン人史料は、ククルカン王という別の大王に言及している。スペイン人が「教会」や「尼僧院」と名付けた建造物は、プウク様式と呼ばれる美しいモザイク石彫で装飾されており、八四〇〜八八九年に相当する日付を含む碑文がある。プウク様式とは、装飾用の円柱、見事に加工された切り石のモザイク石彫によって、幾何学文様だけでなく、ウィッ(山)を表象する顔などの建造物外壁の複雑かつ写実的な装飾が特徴的である。

民族史料に基づいて提唱された、メキシコ中央高地のトルテカ文明(九〇〇〜一一五〇年)の支配層がチチェン・イツァを征服したという「トルテカ帝国説」は証拠がなく、現在では否定されている。チチェン・イツァの支配層は、トルテカ文明だけでなく、諸都市の支配層と広範に交流し、伝統的なマヤのプウク様式の石彫に加えて、羽毛の生えた蛇や腹部に皿を乗せたチャックモール(図3-19)など、メキシコ中央高地をはじめ当時のメソアメリカの支配層の間で共有された「国際的な」石彫様式を取捨選択して、王権を正当化・強化したのである。

　チチェン・イッツァの支配層は、ユカタン半島沿岸部だけでなく、広範な海上遠距離交換に参加していた。発掘調査によって、地元産の遺物だけでなく、遠距離交換品が多く出土している。

　グアテマラ太平洋岸からは、特産のプランベート土器、ウスマシンタ川流域からは精胎土オレンジ色土器が搬入された。メキシコ高地やグアテマラ高地からは黒曜石製石器、グアテマラ高地からは翡翠製品が運ばれてきた。さらにアメリカ南西部産のトルコ石製品や、コスタリカやパナマなど中央アメリカ南部産の金や金・銅の合金などがもたらされた。

図 **3-19**　チチェン・イツァ遺跡のチャックモール

　ユカタン半島北の沖合にあるセリトス島は、チチェン・イッツァの交易港であった。防波堤や桟橋の遺構が見つかっており、発掘調査の結果、島の面積を拡大するために、長期間にわたって人工的に盛土されたことがわかっている。

チチェン・イツァという都市名は、「イツァ人の泉のほとり」という意味である。イツァ人とは、イツァ語を話すマヤ人であるが、国際都市チチェン・イツァでは、様々な言語が飛び交っていたに違いない。

マヤ低地北部は、マヤ低地南部と比べると降水量が少なく、川や湖沼がほとんどない。石灰岩の岩盤が陥没して地下水が露出した天然の泉セノーテは、チチェン・イツァでは唯一の水源である。多くのセノーテは、水源としてだけではなく、宗教儀礼において重要かつ神聖な場所でもあった。洞窟と水は密接な関係にあり、部分的に岩盤が陥没したセノーテは、洞窟信仰の対象の一つである。

聖なる泉

チチェン・イツァ最大の「聖なるセノーテ」は、直径六〇メートル、深さ三六メートルを誇る（図3-20）。七〇〇年頃から雨と稲妻の神チャークの宗教儀礼に用いられ始め、都市が衰退した後も一六世紀までマヤ低地北部の重要な巡礼地であった。セノーテは、都市計画に重要な役割を果たした。これまでに一三の大きなセノーテが確認されているが、「エル・カスティーヨ」は、北側の「聖なるセノーテ」と南側にある二番目に大きな「シュトロク・セノーテ」の間に建造された。後者は、都市住民に飲み水を提供した。セノーテの神聖性が都市の重要性を増し、王権を正当化・強化したのである。

泉の供物

「聖なるセノーテ」の底の発掘調査によって、上記の遠距離交換品に加えて、多種多様な供物が見つかっている。土中に残りにくい貴重な遺物としては、木製彫像、木製品、炭化した織物片、かご細工品、樹脂のコパル香、ゴムなどがある。土製紡錘車だけでなく、木製紡錘車も見つかっており、当時は多く使用されていたのだろう。六〇〇点を超える炭化した織物片には、刺繡《ししゅう》や紋織りの菱形、十字、卍などの幾何学文様が残っているものもある。大部分は綿製であり、当時の衣装を知る貴重な資料である。

図 **3-20**　チチェン・イツァ遺跡の「聖なるセノーテ」

雨乞いのために、「聖なるセノーテ」に「多くの処女が生け贄にされた」という俗説がある。これまでに一二〇体ほど人骨が確認されているが、一〇〇〇年以上にわたる生け贄の数はそれほど多くはない。事故死など、生け贄ではないものもあるだろう。実際には子供の骨が半分以上を占め、成人では男性の骨が女性よりも多い。生け贄はそれほど頻繁に行われたのではなく、宗教儀礼では主に供物が供えられたのである。

チチェン・イツァの繁栄の陰で、ウシュマルやコバーをはじめとするマヤ低地北部の多くの都市が、一〇世紀に衰退していった。その理由として、チチェン・イツァの広域国家が、戦争によって領域を拡大していった可能性が指摘されている。その最も明確な証拠は、チチェン・イツァから二〇キロメートルほどのヤシュナ遺跡で見つかっている。

周辺国との戦争

ヤシュナは、ユカタン半島東部で最大の都市コバーと一〇〇キロメートルというメソアメリカ最長のサクベで結ばれ、チチェン・イツァに対抗するための要塞になった。中心部は四つの出入り口をもつ防御壁で囲まれていたが、古典期終末期のチチェン・イツァとの戦争で陥落した後、人口は大きく減少した。発掘によって、建築途中や儀礼的に破壊された建造物が出土している。

チチェン・イツァが、いつ、どのように衰退したのかはまだよくわかっていない。一部の学者は、一一世紀から衰退し始めたと主張するが、衰退期はもっと後であったという研究者もいる。碑文の最後の日付は、九九八年に相当する。チチェン・イツァの衰退によって、古典期マヤ文明は終わりを告げたといえよう。

次章では、農民の暮らしをみてみよう。

第4章

農民の暮らし

彩色土器に描かれたトウモロコシの神

1　何を作りどう食べたか

トウモロコシの人間

「黄色い穂のトウモロコシと白い穂のトウモロコシをこねて、その肉を創り、人間の腕や足を創った。こうして四人の男が初めて創られ、その肉はトウモロコシの練り粉であった」（筆者訳）。

マヤ高地のキチェ・マヤ人の書記が、一六世紀半ばに歴史伝承とマヤ文字の書物を、アルファベットで書き残したキチェ語の創世神話・歴史書は『ポポル・ウーフ』と呼ばれる。この書物には、「トウモロコシの練り粉から最初の人間が創られた」と書かれている。トウモロコシは、現在に至るまで、マヤ系先住民の主食・主作物である。

トウモロコシは、乾燥・貯蔵が容易であり、その余剰生産は、マヤ文明を生み出した原動力の一つといえる。興味深いことに、現在では、征服された先住民の主食が、多くの非先住民の主食になっている。メソアメリカ原産のトウモロコシは、コロンブス以降の旧大陸においても広く食されている。日本の天皇が稲作の儀礼に深く関わってきたのと同様に、トウモロコシは、マヤの王権や精神世界において重要であった。トウモロコシの神は、石彫、壁画、土器や絵文書に頻繁に表象された。

トウモロコシは、麦、稲と共に、世界三大穀物を構成する。フランスの歴史学者F・ブローデルは、トウモロコシを「奇跡の作物」と呼んだ。植民地時代のメキシコでは種一粒から一〇〇～二〇〇粒のトウモロコシが生産されたのに対して、同時期のヨーロッパでは小麦一粒から収穫されたのは四～七粒ほどであった。トウモロコシは、水田のような手間がかからず、平地だけでなく傾斜地でも栽培でき、森を焼いて種をまくだけで高い生産性が望める。栄養面では、炭水化物だけでなく、ビタミンB_1、ビタミンB_2、ビタミンEなどのビタミン群、リノール酸、食物繊維、カルシウムやマグネシウムなどが豊富である。

多様な調理法

中米では、トウモロコシは、日本と同様に、そのままゆでるか、焼いて食べることもあるが、粉にして様々な料理を作るのが一般的である。まず、トウモロコシの粒を食用の石灰水に入れてゆでる。なぜ石灰水に入れるのか。石灰のアルカリ処理によって、トウモロコシの皮がやわらかくなって挽きやすくなり、パン生地としての粘りを引き出すからである。またカルシウムを補給でき、トウモロコシが含むナイアシン（ビタミンB_3）の吸収を促進する。

伝統的な調理法では、石灰水で処理したトウモロコシの粒を製粉用石盤メタテと石棒マノで挽きつぶし、スペイン語でマサと呼ばれる練り粉の玉を作る。マサを団子状にしたものを両手で叩きながら薄く平たい円形にして、土製板や鉄板の上で焼いたのが、私の大好物トルティーヤである。トルティーヤは、肉、マメ、野菜などを挟んで食べる、現代料理のタコスの皮でもある。挽きたての練り粉から作った、分厚く、ほかほかのトルティーヤほどおいしいものはない、といつも思う。

マヤ低地全域にトルティーヤが広まったのは、実は後古典期(一〇〇〇年～一六世紀)になってからであった。ホンジュラスのコパンなどマヤ低地の一部の地域やマヤ高地では、それ以前からトルティーヤが食べられており、食文化の多様性がうかがわれる。トルティーヤは、おにぎりのように携帯に便利なので、農民が食事をするために住居と農耕地を往復する時間を節約して、より農作業に専念できるようになったかもしれない。逆にトルティーヤ作りにはかなりの時間を要するため、女性が調理に費やす時間は増えたであろう。

先古典期・古典期の低地マヤ人は、タマルと呼ばれるトウモロコシの蒸し団子やトウモロコシ飲料のアトレを食用した。アトレの甘味料として、蜂蜜が利用された。ちなみにタマルとアトレも、極めて美味である。グアテマラのサン・バルトロ遺跡で発見された、前

図 **4-1**　サン・バルトロ遺跡の「壁画の神殿」の壁画．タマルを捧げる女性（左端），ヒョウタンを受け取るトウモロコシの神（中央）

一世紀の壁画には、タマルを捧げる女性、跪いた男性からヒョウタンを受け取るトウモロコシの神が羽毛の生えた蛇の上に立っている様子などが描かれている（図4-1）。

「農耕革命」はなかった

二〇世紀を代表するオーストラリア人考古学者G・チャイルドは、かつてメソポタミアの考古学データに基づいて、農耕が急速な社会の変化をもたらしたという「農耕革命」を提唱した。しかしマヤ地域では、採集狩猟中心の食料獲得経済から、農耕を生業の基盤にした食料生産経済へ移行していく過程は、数千年にわたる長いものであった。

古期（前八〇〇〇～前一八〇〇年）には、トウモロコシやマニオク（タピオカの原料のイモで、キャッサバとも呼ばれる）などが栽培されたが、採集狩猟が生業の主流であり続けた。雨季と乾季に移住するという生活様式に大きな変化はなく、人口は長期間にわたって徐々に増加した。トウモロコシ農耕を生業の基盤にした定住生活が各地で定着したのは、先古典期中期(前一〇〇〇~前四〇〇年)以降であった。マヤ地域では、「農耕革命」は起こらなかったのである。

なぜ「農耕革命」がなかったのだろうか。その原因の一つは、主作物のトウモロコシの栽培化とゆっくりとした品種改良にあった。メキシコ高地や中央アメリカに自生するテオシンテというイネ科の野生植物が、採集利用された過程で突然変異してトウモロコシの先祖になった、という説が有力である(図4-2)。テオシンテは、一〇粒ほど種子をつける。遺伝学研究、プラント・オパール(土壌中に残った植物に由来する珪酸体《けいさん》)や花粉分析によれば、トウモロコシは、メキシコ西部バルサス川中流域で前七〇〇〇年頃に最初に栽培化された可能性が高い。しかし収穫量を増やすために、トウモロコシの品種改良が必要不可欠であった。

メキシコのオアハカ盆地のギラ・ナキッツ岩陰遺跡からは、前四三〇〇年頃とされる現在のところ最古のトウモロコシが出土した。初期のトウモロコシは、穂軸の長さが二センチメートルほどの極めて小さなもので、現在とはまったく異なる植物であった。食用ではなく、トウモロコシを発酵させるチチャ酒を製造する儀礼用植物であったという説がある。数千年にわたって品種改良が重ねられた結果、穂軸と穀粒が大きくなり、生産性が高まった。その結果、何枚もの苞葉に包まれ、穂軸に数百の穀粒をつけるトウモロコシは、人の手なしには自生できない植物になっている。

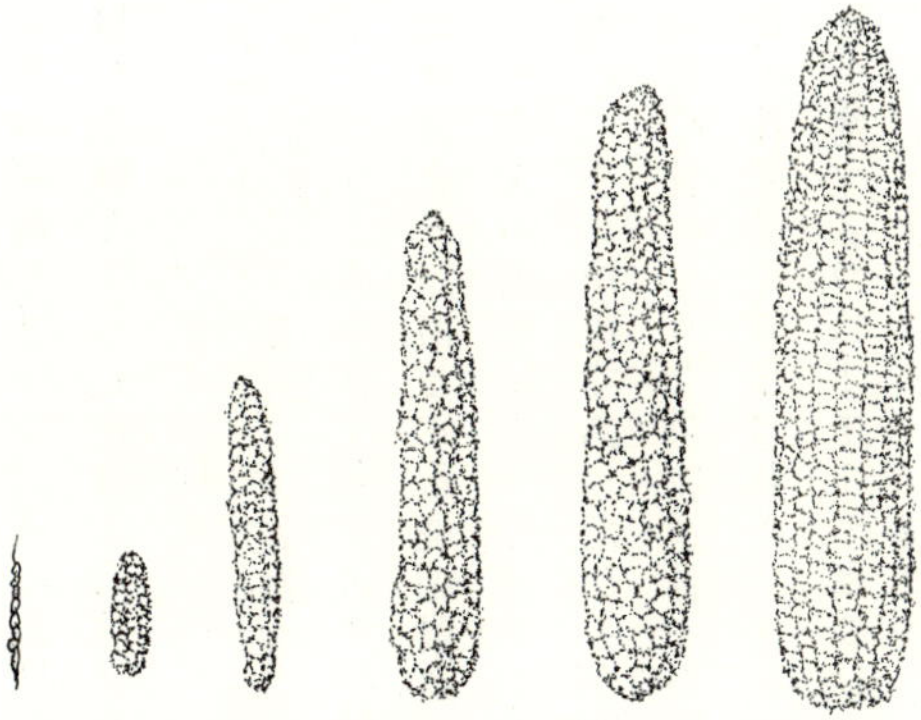

図 **4-2**　トウモロコシの進化．テオシンテ(左端)，オアハカ盆地の最古のトウモロコシ(左から2番目)，現代のトウモロコシ(右端)

対照的にメソポタミアで最初に栽培された小麦は、野生であろうと栽培種であろうと、ほぼ同様な収穫量をもたらした。

私が調査に参加しているセイバル遺跡では、定住村落と土器が出現した後に、複雑な社会政治組織が急速に発展した。前一〇〇〇年頃、突然変異によって、大きな穂軸と穀粒を有するトウモロコシが生産され始め、生業における農耕の比率が高くなった。それが定住を促し、土器でトウモロコシ、マメやカボチャなどを煮炊きすることによって、幼児にも食べやすくなり、成人の寿命も延びて、人口が増えていった。マヤ低地では、生産性の高いトウモロコシ農耕を基盤とする定住による急速な社会変化「農耕定住革命」が起こったのである。

マヤ人は主に菜食

マヤ人は何を食べていたのだろうか。二〇世紀後半から、大遺跡の中心部だけでなく、大遺跡全体、さらに中小遺跡を含む広い地域の調査が実施され、「都市なき文明」説が打破された。その結果、従来信じられていたような「トウモロコシを主作物とする焼畑農業だけ」では大都市の人口を養えないと指摘された。

その後の調査によって、マヤの生業は、各地域の環境に応じて多種多様な食料資源を活用し、より複雑であったことが明らかになった。発掘調査の排土を注意深くふるいにかけ、貝殻や骨のような動物遺体や石器の製作くずなど、肉眼では見逃す可能性のある小さな遺物が体系的に収集された。また土壌サンプルの中から水に浮遊する種子などの微細な遺物を分離するフローテーション法という方法や花粉分析によって、農耕地でどんな作物が栽培されたのかがわかってきた。

マヤ人は、主に菜食であった。主食のトウモロコシに加えて、マメ類、カボチャ、トウガラシ、マニオクなどの根菜、カカオ、アボカド、パパイヤやアカテツの実といった樹木作物などが食された。

自然と共生する農耕

トウモロコシ、マメ類とカボチャは、メソアメリカの三大作物である。これらは、一緒に食べると栄養のバランスが著しくアップする。植物性タンパク質のマメ類には、トウモロコシに不足する必須アミノ酸のリジンやトリプトファンが豊富である。炭水化物に富むトウモロコシは、タンパク質をあまり含まないが、カボチャの種はタンパク質に富んでおり、乾燥させると保存がきく。

この三種の組み合わせは、同一の畑で栽培すると効果的である。マメ類は、トウモロコシが土壌で消費する窒素を提供し、トウモロコシにからみついて日光を十分に得る。カボチャの大きな葉は熱帯の強い日光を遮断し、土壌成分を保護する。カボチャの根は、土中深くまで伸び干ばつに強い。ヨーロッパ人は森林を伐採し、開墾して家畜を飼い、単一作物を栽培する農耕法を導入した。対照的に自然と共生するマヤの農耕は、自然環境を無理やりに改変せず、土壌を豊かにして生産性を高めたのである。

高級なカカオ豆

カカオは、高温多湿の気候と良好な土壌をもつ低地の特産品であった。それは固形のチョコレートとしてではなく、主に支配層の高貴で贅沢な飲料として珍重されたが、一部の農民が特別な儀礼などで口にすることもあった。強壮、口や喉の炎症、歯痛や解熱などの薬としても利用された。古典期の彩色土器には、所持者の

図 **4-3**　カカオの文字

名前の他に、カカオ飲料を飲むための容器であることがマヤ文字で描かれているものがある（図4-3）。

カカオ飲料は、どのように作られたのだろうか。まず乾燥させた後に炒ったカカオ豆を挽きつぶして練り粉にして、熱湯または水に溶き、トウモロコシの粉、トウガラシ、紅の木の実から造った赤い粉アチョテなどを加えた。蜂蜜やバニラが加えられることもあった。その味は、ミルクや砂糖が入った現代のココアとはかなり異なっていた。一六世紀のスペイン人は、「極めて美味」と記している。

カカオ豆は、少なくとも後古典期と植民地時代では交換可能な貨幣として流通した。ちなみに海抜が二〇〇〇メートルを超えるメキシコ中央高地では、カカオは栽培できないが、なんと偽造カカオ豆貨幣が出回った。それは、カカオ豆の外皮の中に蠟《ろう》、ヒユ科のアマランスとアボカドの種を挽いた練り粉や泥を詰めたものであった。マヤ地域の一部では、二〇世紀初頭までカカオ豆が貨幣として通用した。

タバコ・蜂蜜・塩

アメリカ大陸原産のタバコは、マヤ人にとって、単なる嗜好品ではなく、重要な儀礼用植物であり、儀礼的な病気治療にも使われた。石灰を混ぜた噛みタバコには強力な覚醒作用があり、王や貴族が宗教儀礼でトランス状態に入った際、疲労や断食に耐える力を与えた。古典期マヤ人は、タバコの煙と雲、流れ星や天の川を関連づけた。こうした天体と雨・稲妻の神チャークとの関係は、タバコの神聖性を示している。パレンケの「十字の神殿」などの彫刻、土器、絵文書、貝製品には、葉巻や土製パイプで喫煙する神々、王や貴族が表象されている。今なお儀礼でタバコを使うマヤ人がいる。

甘味料としては、蜂蜜が重要な交換品であった。一六世紀以降にヨーロッパ産のミツバチが導入されるまで、野生の毒針のないハリナシミツバチが利用され、またその一部は養蜂された。マヤ低地では、バルチェ酒という、蜂蜜に、水、風味を出すためにバルチェと呼ばれる木の樹皮を加えて発酵させた、蜂蜜酒が儀礼において大量に消費された。酒は、宗教儀礼において神々との交流を円滑にした。二一世紀に入ってもメキシコのユカタン地方では、雨乞いなどの儀礼でバルチェ酒を用いるマヤ人がいる。

塩はマヤ地域では生産地が限られていたために、重要な交易品の一つであった。調味料としてだけでなく、魚や動物の肉の保存や織物の媒染剤などとしても利用された。製塩法には、塩田法と土器製塩があった。先古典期後期以降、塩は主要な生産地から遠距離交換ネットワークを通して供給された。最大の生産地はユカタン半島北部沿岸であり、最も質の高い塩が生産された。降水量が少なく暑く乾燥した気候を利用して、広大な塩田が広がった。塩の交換は、マヤ低地北部の経済発展の重要な要因の一つであった。

「ミルクの香りのしない文明」

動物性タンパク質は、どのように取得していたのだろうか。家畜は七面鳥と犬だけだったので、主に狩猟や漁労によって補われた。環境考古学者の安田喜憲《よしのり》先生は、ミルクを飲んでバターやチーズを食べるメソポタミア、エジプト、ヨーロッパやインダスのような畑作牧畜民に対して、環太平洋地域には「ミルクの香りのしない文明」があったという仮説を提唱している。マヤ文明は、動物のミルクを飲まず、乳製品を食べない、まさに「ミルクの香りのしない文明」の一つであった。犬が食べられることもあったが、発掘で出土する犬の骨は極めて少ない。

古典期のマヤ低地では、鹿類、ペッカリー（ヘソイノシシ）、バク、オオテンジクネズミ、ウサギ、アルマジロ、イグアナ、サル類、鳥類、カメなどが狩猟された。狩りでは黒曜石製・チャート製・木製槍、弓矢、吹き矢、仕掛け網、輪縄、木製のわな、落とし穴などが用いられた。ペッカリーとオジロジカは、トウモロコシで飼育された後に食用とされた証拠がある。鳥類では、野生の七面鳥、ライチョウ類、ウズラ類、シギダチョウ、アヒル、サギ類などが食べられた。

河川の近くや海岸部では、魚介類の採集が生業の重要な位置を占め続けた。ユカタン半島は、メキシコ湾とカリブ海に面している。魚の種類は極めて多く、メキシコだけで三七五種類の近海魚、一三〇〇種類以上の遠海魚が存在する。フエダイ、ブダイ、アジ科の魚、スズキ科の魚、海産ナマズ、ボラ科の魚、ウミガメ、エビ、カニ、サメ、アカエイ、海草などが採取された。海鳥の卵や海獣マナティが狩猟採集されることもあった。漁労には、船、漁網、釣針、骨製・木製銛《もり》などが使用された。魚やマナティの肉は、塩漬、日干しや燻製にされて貯蔵され、交換された。貝類は極めて豊富であり、ユカタン地方沿岸部の浅瀬だけで七八〇種類も知られている。

2　火山灰に埋もれた村から

村人の日常生活

農民はどのような日常生活を送っていたのだろうか。エルサルバドルのホヤ・デ・セレン遺跡の発掘調査によって、重要な情報が得られている。この古典期の小村落遺跡は、六三〇年頃の雨期(八月頃)の夜にロマ・カルデラ火山の大噴火によって、五メートルもの厚い火山灰に覆われ、短時間で放棄された。大量の遺物が原

図 **4-4**　ホヤ・デ・セレン遺跡．前面に円形の炊事小屋，その横に家庭菜園の畝，後方に倉庫と住居

位置に残され、農民の日常生活を活き活きと伝えるその豊富な考古資料ゆえに、ユネスコ世界遺産に指定されている。

その保存状態は、火山の噴火で同様に地中に埋もれたイタリアのポンペイ遺跡よりも良好であり、わらぶき屋根に住んだネズミの骨まで見つかっている。ホヤ・デ・セレン遺跡の農民がマヤ諸語を話していたかどうかは明らかではないが、その生活様式は、マヤ地域の農民のそれと類似していたと想定される。

発掘調査によって、同一の世帯が使用したと考えられる住居（寝起きする家屋）、炊事小屋、倉庫などの土製建造物が出土した（図4-4）。大部分の建造物は比較的小さく、底面が三×四メートルや四×五メートルほどである。低い土製の基壇の上に、編み枝に泥を塗りつけた壁があり、屋根をわらぶきにした。

住居跡には、農民が寝たり座ったりした、いわゆる「ベンチ」がある。大型の貯蔵用土器や調理用の実用土器が出土しているので、農民が住居に食料を貯蔵し、飲食したことがわかる。農民は、グアテマラ高地イシュテペケ産の鋭利な黒曜石製石刃を子供の手が届かない屋根裏に保管していた。住居跡からは、彩色土器、製粉用磨製石器の石盤メタテと石棒マノ、バスケットなども見つかった。

集約農業を営む

住居の近くには、トウモロコシ畑、マニオク、薬用植物、花などを栽培した家庭菜園なども出土した。日本の火山灰土壌は、一般に劣悪な土壌として扱われている。ところが、中央アメリカの火山灰土壌は、熱帯地方における農業用土壌の中で極めて肥沃である。

根菜のマニオクは、発掘調査では検出され難く、これまで家庭菜園などでまれに栽培されたマイナーな食料と考えられてきた。P・シーツらの最近の発掘調査によって、住居から二〇〇メートルほど離れた場所で、マニオクが集約的に栽培された畝畑が見つかった。マニオクは、トウモロコシと並んで、ホヤ・デ・セレンの農民の主食だったのである。トウモロコシと比べると、肥沃でない土壌でも育ち、収穫量も高く干ばつにも強い。マニオクは、マヤ低地においても、従来考えられていたよりも重要な食料であった可能性が高い。

古典期のホヤ・デ・セレンの農民は、現代の貧農よりも、物質的にはるかに豊かな生活を送っていた。核家族的な世帯が、少なくとも十数点の彩色土器を所有し、黒曜石製石刃、緑色石製磨製石斧、海産貝のような遠距離交換品を搬入していた。ある世帯では、全部で七三点の土器を所持していた。動植物遺体の分析によって、ホヤ・デ・セレンの農民は、トウモロコシ、マメ類とマニオクの食事に加えて、カボチャ、トウガラシ、アボカド、グアバ、ココールヤシの実、鹿、アヒル、犬など、かなり豊かな食生活を享受していたことがわかった。

図4-5　リュウゼツラン

発掘調査によって、カカオの花が開花し始めたばかりの木の幹、カカオの果実やカカオ豆の痕跡が確認された。倉庫として利用された建造物では、カカオ豆やその残滓《ざんし》が付着した彩色土器が出土した。ホヤ・デ・セレンの農民は、主に支配層の高貴で贅沢な飲料として珍重されたカカオを栽培し、儀礼でふんだんに用いていたのである。

交換品の生産

農民の世帯は、余剰生産物を他の世帯や村の外部と交換していたようである。ある世帯では、世帯内の必要性をはるかに超えるメタテやマノなどの製粉用磨製石器を生産した。別の世帯では、彩色したヒョウタン製品を多く製作した。さらに別の世帯では、綿やリュウゼツランの葉の繊維から糸、衣服やロープなどを製作した。住居の近くの家庭菜園跡で、火山灰で覆われた状態の七〇ほどのリュウゼツランが発見された。リュウゼツランは、一見すると超大型の「アロエのお化け」のような大型常緑多年草で、高さは一・五〜八メートルに達する(図4-5)。一世帯当たり年間に消費するリュウゼツランの繊維は、五株ほどで充足されるので、一四世帯分ほどの繊維が生産された計算になる。

ちなみにホヤ・デ・セレンのリュウゼツランは繊維用であるが、メキシコ高地のリュウゼツラン科マゲイの甘い樹液(蜜水)からは発酵酒プルケが造られた。後世のアステカ人の間では、マゲイは若く美しい女神として擬人化された。なおメキシコの有名な酒テキーラは、スペイン人の侵略後に製造されたマゲイの葉を取り除いた茎の蒸留酒である。

集会所や占いの建物など

住居の他には、どんな建造物があったのだろうか。村の集会所と推定される建造物は、底面が八×五メートルあり、ホヤ・デ・セレン遺跡で最大を誇る(図4-6)。壁は硬い粘土で造られた。住居跡と比べると、遺物の出土量が極端に少ないが、飲料を入れたと思われる大きな土器が「ベンチ」の上に置かれていた。村の長老たちが、「ベンチ」に座って、村の諸問題について議論したのだろうか。

図4-6　ホヤ・デ・セレン遺跡の集会所

図4-7　ホヤ・デ・セレン遺跡の占いの建物(左)と村の祭りや饗宴の建物(右)

占いが行われた建物では、壁の四角な窓枠のうちに、粘土を塗った棒状の角材を交差させて菱形状の隙間が形作られた。内部には、女性と動物の土偶、鹿の角、海の貝、マメ粒などの「占いの道具」が大事に保管されていた(図4-7)。現代マヤの祈禱師は、マメ粒を袋から取り出し、二つか、四つずつ数えて占う。占いの答えは、袋に残ったマメ粒の数による。たとえば、一つか二つ残れば、紛失物が見つかる、三つ残れば、紛失物は見つからない、といった具合である。

村の祭りや饗宴に利用されたと考えられる建物では、東の色である赤に彩色されたオジロジカの頭骨、抉《えぐ》りを入れたオジロジカの肩甲骨、ワニの顔をかたどった土器といった祭具が東側の大部屋に収納されていた。ワニの顔をかたどった土器には、赤い粉アチョテを作る紅の木の実がぎっしりと入っていた。

マヤ社会では、オジロジカは豊穣のシンボルであり、数々の創造神話で重要な役割を果たし、太陽と雨に関連する動物とされた。祭具は、村の豊作の祭りに使われたのであろう。後方の部屋の床面に置かれた大型の実用土器には、マメのような種を入れた痕跡がある。饗宴用の食料を保存したのだろう。

図 **4-8**　ホヤ・デ・セレン遺跡の蒸し風呂

ホヤ・デ・セレン遺跡には、蒸し風呂の建物もあった（図4-8）。四隅に日干しレンガの柱があり、壁は硬い粘土で造られた。中央にかまどがあり、一〇人ほど収容可能である。蒸し風呂は、入浴だけでなく、身体を清める宗教儀礼や儀礼的な病気治療にも使われたのだろう。あらかじめ熱して真っ赤になった石をかまどの中に入れ、その上に薬草植物をのせたので、サウナとアロマセラピーの効果があった。蒸し風呂は、現在でもグアテマラ高地のマヤ人やメキシコ高地の人々が使っている。

3　生産と流通

低地マヤ人は、地盤が石灰岩の薄く浸食されやすい熱帯低地の土壌で、二〇〇〇年以上にわたって持続可能な発展をどのように達成したのだろうか。これこそ、マヤ文明の真の「神秘・謎」といえよう。

自然環境に合わせた多様な農業

以前は、農業に適さないマヤ低地では、トウモロコシを主作物とする焼畑農業だけが一様に行われたとされた。その後の調査によって、主に熱帯雨林に覆われたマヤ低地南部では、多様な生態環境が小さな区画毎にモザイク状に分布することが明らかになった。マヤ文明は、多くの文化要素を共有する一方で、地方色豊かな文明であった。マヤの農民は、川や湖がほとんどなく比較的乾燥しているマヤ低地北部、高低差が激しく湿潤なマヤ高地といった多様な自然環境に臨機応変に適応して、多様な農業を営んだ。

旧大陸の四大文明では、船の通れる大河川流域で大規模な灌漑農業が発達した。それに対して、マヤ文明の集約農業としては、主に中小河川、湧水や低湿地を利用した灌漑農業、段々畑、家庭菜園などがあった。住居の周囲の家庭菜園では、様々な農作物が生産され、半自然半栽培の樹木が利用された。ベリーズ北部の低湿地では、遅くとも先古典期後期までに低湿地の底の泥を積み上げて畝にした盛土畑が開墾されていた。格子状の水路が盛土畑を囲み、焼畑のように耕地を移動せずに毎年同じ畑を使用できた。盛土畑は非常に肥沃で生産性が高く、トウモロコシ、ヒユ科のアマランス、綿、カカオなどが生産された。盛土畑と水路の跡は、航空写真などの利用によって、メキシコのカンペチェ州やキンタナロー州でも見つかっている。マヤ文明の水路の規模は概して小さく、その多くは排水路であったことが特徴である。

水はけの良い山の斜面や丘陵地では、段々畑が作られた。カンペチェ州南東部のリオ・ベック地方では約一五万ヘクタールの古典期の段々畑跡が確認されている。段々畑は、焼畑で深刻な問題となる土壌の浸食を防ぎ、土壌の水分を保って、長期にわたる耕作を可能にした。ところが興味深いことに、すべての丘陵地や山の斜面で段々畑が造営されたわけではなかった。同様に、すべての低湿地で盛土畑が開墾されたのでもなかったのである。

都市と農民

古典期マヤ都市には、メソポタミア文明の都市やメキシコ中央高地の大都市テオティワカンのような極度な集住形態はなかった。テオティワカンは、最盛期の二〇〇～五五〇年には、二三・五平方キロメートルの面積に一〇万～二〇万人の人口が密集し、ローマに匹敵する世界的な大都市であった。マヤ都市は、テオティワカンとは異なり、都市の境界が明確ではなく、都市の間にもかなりの人口が継続的に分布する場合が多かった。

こうしたマヤ都市の人口分布パターンは、何を意味するのだろうか。都市内に住み郊外の農耕地まで歩いたテオティワカンの農民とは異なり、大部分の古典期マヤの農民は住居の近くに農耕地を有していた可能性が高い。都市部では、比較的小規模ながら家族や親戚で営む集約的な家庭菜園が主流であった。小さな区画ごとにモザイク状に分布する多様な生態環境に適応し、焼畑農業と集約農業を組み合わせて様々な作物を生産したのである。

しかし古典期マヤの農業は、あくまでも多様であった。ベリーズ最大の古典期の大都市であったカラコル遺跡では、都市中心部から全長六〇キロメートルに及ぶ四〇以上のサクベが放射状に張り巡らされて、周辺の山腹部に計画的に整然と配置された段々畑と貴族の邸宅を結んだ。中央集権的な農業や物資の流通の統御が示唆される。

水路網の建設

カンペチェ州のエッツナ遺跡では、全長三一キロメートルに及ぶマヤ低地最大の水路網や貯水池があった。水路と連結して水を満たした二キロメートルの防御濠が、「要塞」の建築群を囲んだ。防御の他に、灌漑農業、カヌーによる輸送や排水などにも利用されたのだろう。水路網によって、四五〇ヘクタールほどの農耕地の灌漑も可能であった。水路網は、前一五〇年頃までに建設され、あたかもサクベのように中心部から放射状に延びた。

中心部には、底辺一六〇×一四八メートルの「大アクロポリス」の上に、高さ三一メートルの「五層のピラミッド」がそびえ立つ（図4-9）。水路網の建設は、中央集権的に開始された可能性が高いといえよう。

図4-9　エツナ遺跡の「5層のピラミッド」

パレンケ遺跡とその後背地の調査によれば、七世紀には都市部に人口が集住し、一平方キロメートル当たりの人口密度は二〇〇〇人を超えていた。後背地には住居がほとんどなく、低湿地帯では水路を張り巡らした盛土畑が、山腹部では段々畑が広がった。パレンケ王国が都市部に住んだ農民を動員して、集約農業を運営したのであろう。ところが八世紀の後半には国家の統制力が弱まり、後背地に農民の住居が散在した。農民が、住居の近くで耕作するようになったのである。

プウク地方の地下貯水槽

パレンケ遺跡のあるマヤ低地南部に対し、マヤ低地北部では降水量が少なく、川や湖沼がほとんどない。石灰岩の岩盤が陥没して地下水が現れた天然の泉セノーテは、乾燥したマヤ低地北部では貴重な水源であり、その周囲にチチェン・イツァやツィビルチャルトゥンなどの大都市が築かれた。

一方ユカタン半島北西部のプウク地方は、高低差が一〇〇メートルを超える丘陵地帯である。肥沃な土壌が広がり、ユネスコ世界遺産のウシュマル遺跡をはじめ、プウク様式の建築美で名高い。ところが、このプウク地方には河川や湖沼はおろか、セノーテもない。

プウク地方の支配層と農民は、どのように水を確保したのか。彼らは各世帯で石灰岩の岩盤を掘り漆喰を張り、雨水を貯める地下貯水槽チュルトゥンを造った(図4-10)。この地方の古典期終末期の都市サイルには、全部で三〇〇以上のチュルトゥンが見つかっている。多くの住居基壇は、チュルトゥンを掘るのに最適な小さな自然丘の上に建てられた。

サイルの四・五平方キロメートルの範囲には一万人が、その周囲に七〇〇〇人が住んだと推定される。ところが、周辺の丘陵地では段々畑などの集約農業の痕跡がほとんどない。遺物の分布や土壌のリン酸分析によれば、サイルは広場や空地に肥料を加えて継続的に家庭菜園として活用した「菜園都市」であった可能性が高い。プウク地方では、旧大陸の

図4-10　サイル遺跡の農民の住居とチュルトゥン

「四大河文明」のような中央集権的な治水事業はありえず、飲み水と農業用水を完全に雨水に依存した都市が発展したのである。

大型家畜のない人力エネルギーの文明

マヤ人は、大型の家畜や荷車を結果的に必要とせずに、人力エネルギーで都市文明を築き上げた。マヤ文明では、旧大陸の四大文明のような人や重い荷物を運ぶ大型家畜は皆無であった。農耕地を耕し、ミルクや乳製品を提供する家畜もない「ミルクの香りのしない文明」であった。南米アンデスの牧畜家畜リャマやアルパカのようなラクダ科動物もいなかった。ウシ、ウマ、ブタ、ヤギ、ニワトリは、旧大陸から一六世紀以降に導入された。

先スペイン期メソアメリカでは、前にも述べたように車輪の原理は知られていた。しかし大型の家畜がいなかったので、荷車は発達しなかった。犬と七面鳥が家畜化されたが、主要な食料にはならなかった。メソポタミアでは、ウシ、イノシシ(家畜化されたのがブタ)、ヤギ、ヒツジなど、家畜化が可能な大型動物が豊富であり、犬や七面鳥よりも確実に多くの肉を確保できた。つまり旧大陸の四大文明と比べて、マヤ文明の発展の過程における家畜動物の役割は、はるかに小さかった。

海岸部や低地の大河は、カヌーによる水上交易路として活発に利用された。しかし、内陸部における物資の輸送や人の移動は、主に徒歩に依存した。王や貴族は、駕籠《かご》で運ばれることもあった。長安、平城京、平安京やメキシコ中央高地のテオティワカンのような碁盤の目状の都市計画はなかった。しかし、チチェン・イツァ、カラコル、ティカル、カラクムル、コパン、セイバルなど多くの都市では、中心部から舗装堤道サクベが張り巡らされた。先古典期後期のエル・ミラドールとナクベ、古典期後期・終末期のコバーとヤシュナのように都市間を結ぶサクベもあった。サクベは、物資の輸送、歩道、儀式の行進、政治領域の維持などに利用された。

このような技術的限界、熱帯雨林低地のジャングル、高地の激しい起伏などが交通の障害となり、トウモロコシなど重くかさばる食料や生活必需品の遠距離交換は非効率的かつまれであった。たとえば、ティカルでは、実用土器が半径五キロメートルほどの範囲で流通したようである。先スペイン期の大半を通じて、遠距離交換品は、火成岩製メタテ（製粉用石盤）や黒曜石のような一部の実用品および塩、カカオ、蜂蜜や魚などの特別な食料を除いて、支配層の間で交換された少量の威信財や美術品が主であった。また後古典期には長さ三〇メートルに及ぶ大型カヌーによる海上遠距離交換が発達したが、徒歩による輸送・移動が主流であることには変わりがなかった。

死者は住居に埋葬

古典期マヤ社会は、支配層と被支配層に大きく二分された。被支配層は社会の九割以上を占め、その大部分は農民であった。農民は、猟師や漁師を兼ねることもあった。王は、宗教儀礼を通して神々の恩恵や支持を得て農民の安泰を保証し、コパンの例のように、支配層は黒曜石製石刃などを農民に供給していたのであろう。農民は、その交換として農作業のひまな時期に神殿ピラミッドの建設などの賦役に参加し、支配層に農作物を提供した。王族・貴族と農民の関係は、都市中心部における大祭礼や大建造物の建設作業によって強化された。都市の大部分の住民が結集することによって、社会的な結束やアイデンティティが固められたのである。

支配層が、王、王族、その他の貴族に階層化されていたのと同様に、農民も決して均質な集団ではなく、「農民階級」として一致団結することはなかった。農民の間にも貧富の差があり、支配層と被支配層の関係は、多様であったと考えられる。民族史料の研究によって、奴隷や農奴がいた可能性も示唆されている。農業を営みながら、製粉用磨製石器、実用土器、木工品などの実用品を生産して、他の世帯と交換する農民もいた。こうした実用品の生産・流通は、国家に管理されることなく、都市や村落で交換された。カラコルやパレンケのような一部の古典期マヤ王国が集約農耕地を運営した時期もあったが、農業は一般的に中央集権的に管理されなかった。

先古典期には平面が円形や楕円形の住居もあったが、古典期の貴族と農民の住居は、長方形の建造物が基壇の上に建てられ、三、四基が中庭を囲むのが典型的であった。支配層の住居は、複数の部屋をもつ建造物が多い。一部の貴族は、石彫に飾られ、マヤ・アーチを有する石造住居に住んだ。地域差があり、かなり高位の貴族でも石造の壁とわらぶき屋根をもつ住居に住む場合もあった。

農民の多くは、低い基壇の上に建てられた一部屋の簡素な住居に住んだ。壁は木造または編み枝に泥を塗りつけ、屋根をわらぶきにした。より貧しい農民は、基壇を建造せずに、地面に直接、木造または編み枝に泥を塗りつけた壁とわらぶき屋根の住居を建設した。現在までのところ、多くの考古学調査で見逃されている可能性が高く、今後こうした「最下層のマヤ人」を研究していかなければならない。

マヤ文明の都市では、仏教やキリスト教のような「共同墓地」はなかった。王や高位の貴族は、神殿ピラミッドや王宮などの石室墓に豪華な副葬品と共に埋葬された。他の貴族や農民は、死者を住居の床下に埋葬し、家屋を拡張した。逆に言えば、考古学者が、住居らしき建造物の床下から墓を発掘すれば、その建造物は住居であったことを実証できる。日本人が生と死の場を分離するのに対して、マヤ人は「先祖と共に生きた」のである。

次に、アグアテカ遺跡の調査成果を紹介して、支配層の日常生活を復元してみよう。

第5章

宮廷の日常生活を復元する
—アグアテカ遺跡

戦争で未完成のまま放棄されたアグアテカ遺跡の神殿ピラミッド

1　戦争により放棄された都市

断崖絶壁の要塞都市

　サヤシュチェ町はグアテマラの北西端、メキシコとの国境近くのジャングルを切り開いて造られた、砂ぼこりの多い町である。そこでボートと船頭を貸切り、パシオン川の支流のペテシュバトゥン川をゆっくりと上っていく。現在では高速モーター・ボートが導入されて一時間くらいでアグアテカ遺跡に到着できるようになったが、一九九〇年代は四時間ほどかかった。上流にいくにつれだんだん川幅が狭くなり、カーブが多くなる。ボートの速度はさらに遅くなり、両岸には熱帯ジャングルが広がっていく。ボートの眼前に白い鳥の大群が、時おり飛び交う。そして、あの前方の崖の上が、アグアテカ遺跡である。

　アグアテカは、グアテマラ北西部の熱帯雨林低地に古典期マヤ文明の中規模の要塞都市として八世紀前半に創設された（図5-1）。ペテシュバトゥン川を見下ろす高さ九〇メートルの断崖絶壁の上に立地する。ボートを降りて、スーツケース、発掘機材、食料や飲料

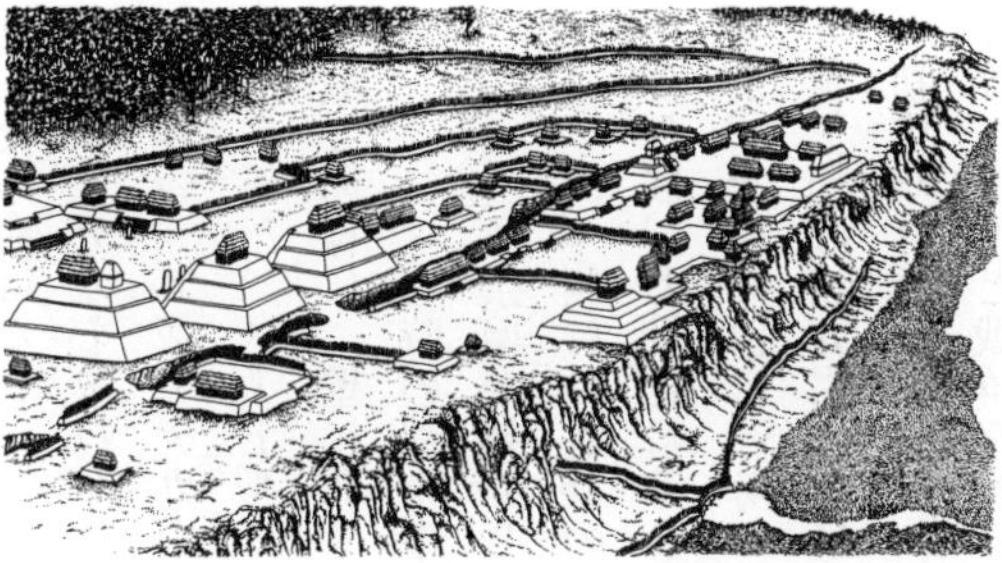

図 **5-1**　アグアテカ遺跡中心部の復元図

水を下ろす。荷物を持ってこの崖の上を登るのは、実際のところかなり大変であり、危険でありさえする。雨が降った後は特に滑りやすく、私が途中で転びそうになったのは一度だけではない。さすが天然の要害だと実感する。ベテラン発掘作業員のケクチ・マヤ人たちは、慣れたものでふらつくことなく、早足で登っていく。アグアテカの都市住民もそうだったのだろうか。敵にとっては、やはり難攻不落の要塞都市だったのだろう。

マヤ低地の大部分の都市は平地に立地し、防御に向かない都市が多い。壁で囲むことはまずない。第2章で紹介したホンジュラスのコパン遺跡も平地のど真ん中に立地する。それに対しアグアテカは、断崖絶壁の上に立地するだけでなく、崖の平坦部には、スペイン語で「グリエタ」と呼ばれる石灰岩のクレバス、つまり裂け目が数本存在する。最大のクレバスは、幅が一五メートル、深さが七〇メートル、長さが八六〇メートルに及び、都市への侵入を阻んでいた。足を踏み外して、クレバスに落ちたら命はない。

アグアテカを含むペテシュバトゥン地域では、九世紀初頭に戦争がさらに激化した。それに伴い、アグアテカ中心部の支配層の居住区が幾重もの長大な防御壁に囲まれ、その全長は六三三二メートルに達した。アグアテカは、日本列島の弥生時代の環壕集落や中国の都城と同様に、壁に囲まれた都市だった。

王朝興亡の中で

往時の都市中心部には王宮があり、「大広場」には神殿ピラミッド群、石碑や祭壇が林立していた。王宮と「大広場」は、舗装堤道サクベで結ばれ、その両側には貴族の住居区が広がっていた。これまでの考古学調査および碑文の解読によれば、七世紀にティカル王朝の幼少の王子バフラフ・チャン・カウィールとその従者らが、その南西のペテシュバトゥン地域に新王朝を創立した。第3章でみたように、ティカル王朝は、五六二年に宿敵のカラクムル王朝との戦争に敗れ「停滞期」に陥っていた。

初代バフラフ・チャン・カウィール王は、カラクムル王朝と政治同盟を結び、本家のティカル王朝と戦争を繰り返した。この新王朝は、七世紀にドス・ピラス、八世紀にアグアテカという、中規模の二都市を双子主都として築いた。戦争や政略結婚によってその勢力を拡大し、それまでペテシュバトゥン地域の中心都市であったタマリンディートなどを支配下に置いた。タマリンディートの王は、ドス・ピラスの王女と政略結婚させられたりもした。まるで日本の戦国大名みたいである。

私は、一九九八年からアグアテカ遺跡の調査に共同調査団長として参加した。調査団長は、親友の猪俣健さんである。私たちは、グアテマラ、アメリカ、カナダ、スイス、ドイツ、ポーランドの研究者と共に多国籍チームを編成して、学際的な研究を展開した。グアテマラ人研究者がいる時はスペイン語、いない時は英語で会話する国際調査団である。

私が初めて訪れたアグアテカ遺跡は、まさに廃墟だった。まだ遺跡公園として十分に整備されておらず、三メートルもの高さを誇る石碑群は折れて地面に横たわっていた。未発掘の建造物跡は壁の石や内部の盛土が崩れて、塚のようにマウンドになっていた。

日没前、私は猪俣さんに案内されて遺跡の中を歩いた。スコールの後なので猛烈に蒸し暑く、少し歩くと汗が噴き出す。「大広場」に横たわる大きな石碑の前に来た（図５-２）。

「猪俣さん、結構、石碑にコケが生えていますね」

「石碑の碑文には、西暦七三五年に相当する暦の日付、近隣の大都市セイバルとの戦争に勝利したことが書かれています」

「ドス・ピラスでも戦勝を記念して同様な石碑が建てられたんですよね」

「そう、そしてこの人物が、ドス・ピラス＝アグアテカ王朝の三代目王です」

「猪俣さん、王は石槍と盾を持っていて、勇ましいですね」

「ええ、しかも三代目王は、捕虜にしたセイバル王の上に誇らしげに立っています」

「戦争の後、セイバルはドス・ピラス＝アグアテカ王朝の支配下に入ったんですね」

「少なくとも、しばらくはそうだと思います」

戦争が激化し、第一主都ドス・ピラスは、七六一年に近隣のタマリンディートの攻撃で陥落した。その後この王朝の人々は、南西一二キロメートルの第二主都アグアテカに移り住んだ。

貴重な飲料水をごくごくと飲んでいると辺りが暗くなってきた。ジャングルの中には、

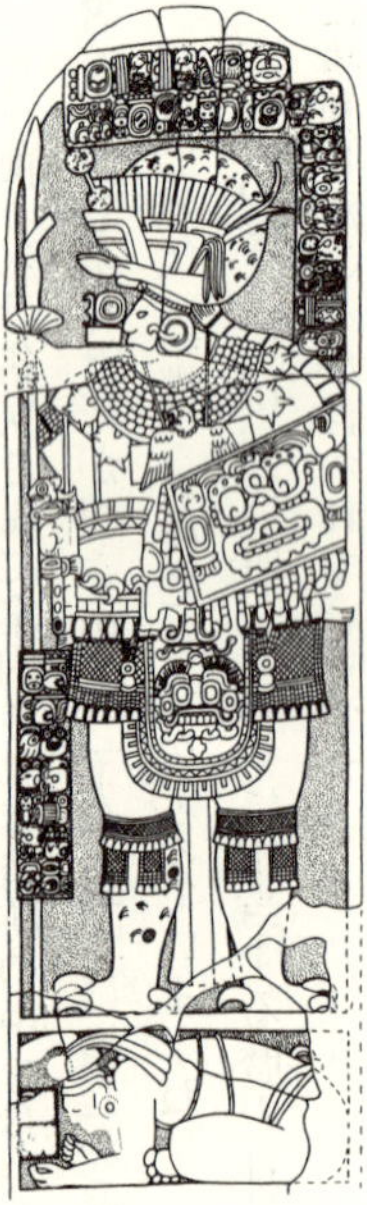

図 **5-2**　アグアテカ遺跡の「石碑 2」．捕虜のセイバル王の上に立つ 3 代目王

電気も水道も何もない。断崖の中腹にある平坦地をキャンプ地とする。夕食は、私の大好物トルティーヤとインゲンマメであった。三度の食事は、これが中心になる。この日は、遺跡公園のガードマンが、釣ったばかりの川魚を特別にごちそうしてくれた。パリパリとした舌触りで、これがなかなかおいしい。魚は油で徹底的に揚げてあるので、お腹をこわす心配はない。テントに横たわると時差ぼけの心配のかけらもなく、ひたすら熟睡した。

明け方の四時頃であった。突然、熱帯ジャングルの雄叫びに目を覚ました。唸《うな》るような大きな声が辺りに響き渡る。ジャガーか。いや、その正体はホエザルだった。おとなしい性質なので攻撃してくることはない。しかし、声はとにかくでかい。毎朝、ホエザルのどなり声で目覚め、朝食後、夜明けと共にフィールドワークを開始する。比較的涼しい朝は作業効率が良い。午後三時頃まで発掘という、非常に規則正しい毎日を送ることになる。

攻撃により短時間で放棄された住居

王族や貴族からなるマヤ支配層は、日々何をしていたのだろうか。人々の日常生活というのは、考古学では意外と明らかにしにくい。私たちがアグアテカ遺跡を発掘調査するまで、古典期マヤ人の日常生活の詳細はよくわかっていなかった。私たちの調査によって、アグアテカ中心部は、八一〇年頃の戦争で、敵の攻撃により広範囲にわたって焼かれ、短時間で放棄されたことがわかった。アグアテカの貴族は、その所持品の大部分を残したまま住居を放棄するか、あるいは敵の捕虜にされたのである。

　アグアテカ遺跡は、貴族の住居の床面に、当時置かれたままの形で遺物が大量に出土した。この唯一無二の良好な保存状態ゆえに世界的に有名になり、いまや欧米の大学で使用されるマヤ文明の教科書にも掲載されている。これらの遺物は、古典期マヤ支配層の生活の「最後の時」に関する、タイム・マシーンの役割を果たす。当時の日常生活を活き活きと伝える豊富な考古遺物はマヤ低地では他に類例がない。マヤ支配層の日常生活の諸活動を復元する上で、理想的な遺跡といえよう。

日常生活ほど残りにくい

　考古学者は、遺跡に残された遺物および建造物などの遺構といった物質文化、つまり「硬い文化」を通して過去の人々の諸活動や生活を復元していく。ところが、現在私たちが発掘調査で得ることができる物質文化は、往時の一部にしかすぎない。木製の家具や祭具、紙製品、衣服、肉などの食べ物、毛皮など、遺物として残らない「やわらかい文化」に関連する多くの物質文化が土中で失われてしまうからである。

　人々の日常生活を明らかにするためには、遺跡のどこを掘るかが鍵を握る。神殿ピラミッドなどの大きな公共建造物を発掘すれば、王や貴族の政治・宗教活動についてある程度明らかにできるだろう。あるいは、壮大な王墓を発見できるかもしれない。しかし、マヤ人の日常生活の詳細を明らかにするためには、人々が日々過ごした住居跡を発掘しなければならない。

ところがマヤ文明の住居跡を掘っても、一般的にあまり遺物は出てこない。それはなぜか。その答えは、まず清掃と維持活動である。都市遺跡の場合、住居の床面は常に清掃され、建物が増改築され続けたので遺物は原位置に残っていないことが多い。たとえば、石器の製作によって生じた鋭利で危険な石くずは、石器を製作した地点から取り除かれた。こうした石器の製作くずは、清掃や維持活動によって、他のゴミと一緒にゴミ捨て場に捨てられ、建造物の増改築に伴いその盛土の一部として使用された。

遺物があまり出てこないのには、さらに決定的な原因がある。それは、人間の「引越し」という行為である。読者のあなたが引越しするとしよう。あなたは、重要な所持品をすべて新居に持っていくだろう。旧宅に残るのは、ゴミくらいかもしれない。マヤ文明の大部分の都市は、徐々に放棄されていった。つまり人々には、引越しに費やす時間があった。現代の私たちは、引越し業者に頼んで一日で移動させることが多いが、古典期マヤ人

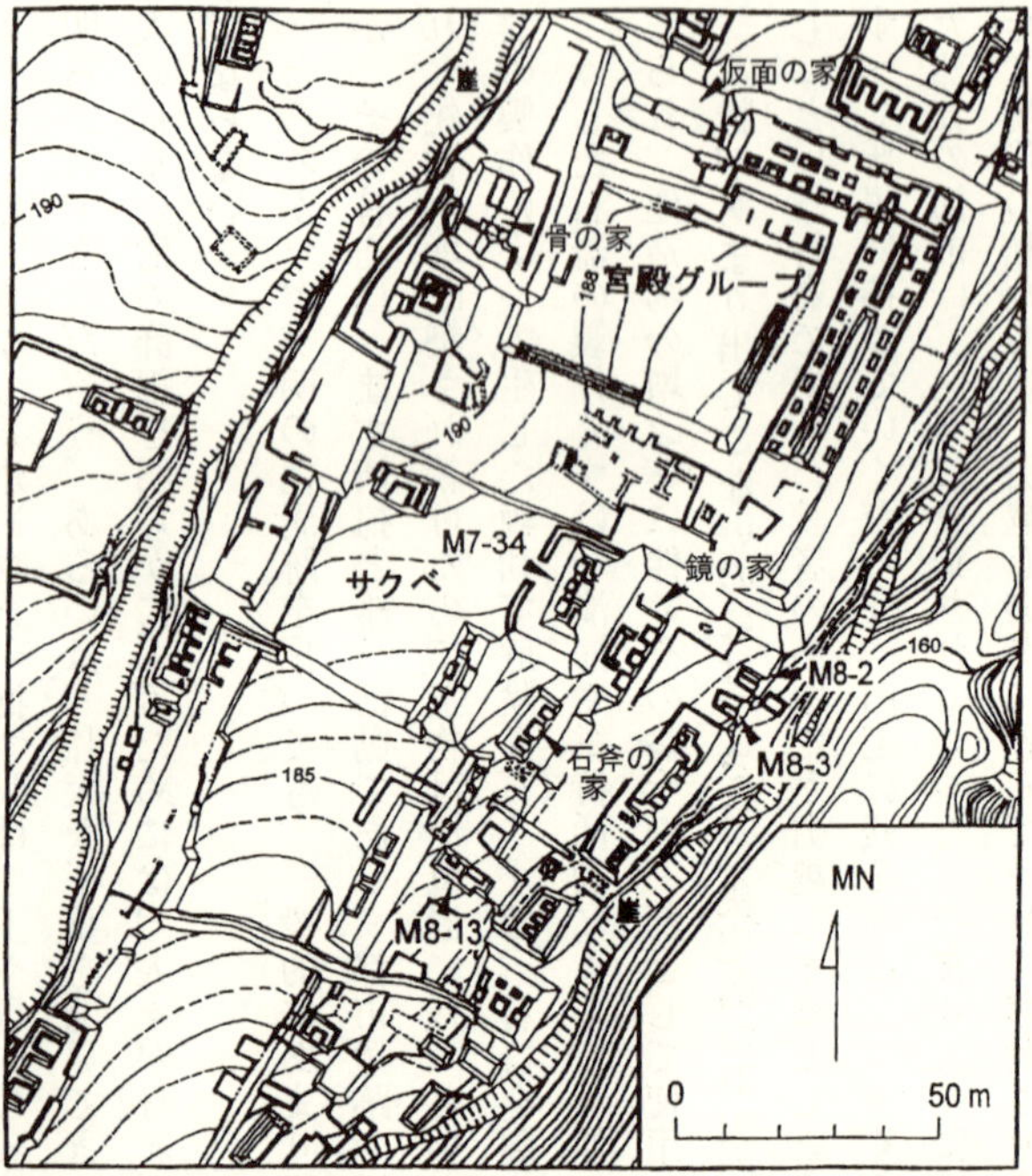

図5-3　アグアテカ遺跡中心部の全面発掘建造物跡

は時間をかけ、持ち物の多くを引越し先に移動してしまうのであった。考古学者が、住居跡を発掘しても、多くの場合、遺物の出土量は限られてしまうわけである。

世帯を考古学する

誰が、住居内外のどこで、何をしていたのだろうか。この問いを探求するために、私たちは、すべての出土遺物を分析対象とした。八一〇年頃の敵襲により短時間で放棄された住居跡の全面発掘調査を行い、出土した豊富で多種多様な遺物の実証的なデータを検証していった。そして古典期マヤ人の日常生活、住居毎の家族構成・所有物・活動の違い、ジェンダー間の活動の違い、手工業生産、交換、分業制、社会階層などを研究して、古典期マヤの政治経済組織の復元に寄与することを目指した。

血縁関係のある「家族」を発掘することは不可能に近い。しかし日々の生活、つまり居住や食事などの生計を共にする集団「世帯」の日常生活の痕跡は発掘できる。日常生活の「最後の時」を復元するために、「世帯考古学」の方法論を用いて、中心部に住んだ宮廷人の世帯に焦点を当てた（図5-3）。

中心部には、王、貴族やその従者からなる宮廷人が住んでいた。第一期調査（一九九六～二〇〇三年）では、舗装堤道サクベに面した支配層居住区の「石斧の家」や「鏡の家」などと名付けられた支配層とその従者の住居跡を含む、六つの建造物跡を全面発掘した。家の呼称は、出土遺物の特徴に由来している。また、王宮を構成した「宮殿グループ」の二つの建造物跡も全面発掘した。第二期調査（二〇〇四～二〇〇五年）では、農民の住居跡を含むアグアテカの都市全域および周辺遺跡を発掘した。

石器をはじめとする様々な遺物の分析によって、アグアテカ遺跡が敵襲にあった「最後の時」がより鮮明に復元された。たとえば、支配層書記の世帯の住居であった「石斧の家」や「鏡の家」にはそれぞれ三つ部屋があった（図5-4）。書記とは、王の事績を碑文に記すという役割を担った貴族である。こうした複数の部屋を有する住居跡には、拡大家族が住んでいたのだろうか、あるいは核家族が住んでいたのだろうか。これまで考古学者の間で議論が分かれていた。前者の場合、各部屋の遺物の組成が同様であると予想される。後者の場合、各部屋の遺物の組成がまったく異なるであろう。

アグアテカ遺跡の支配層住居の場合は、各部屋の遺物の組成がまったく異なり、核家族的な世帯が住んでいたことが明らかになった。食料の貯蔵、調理、飲食をはじめとする広範な日常活動をはじめ、その空間利用にはジェンダーに関連して一貫性が見られる。たと

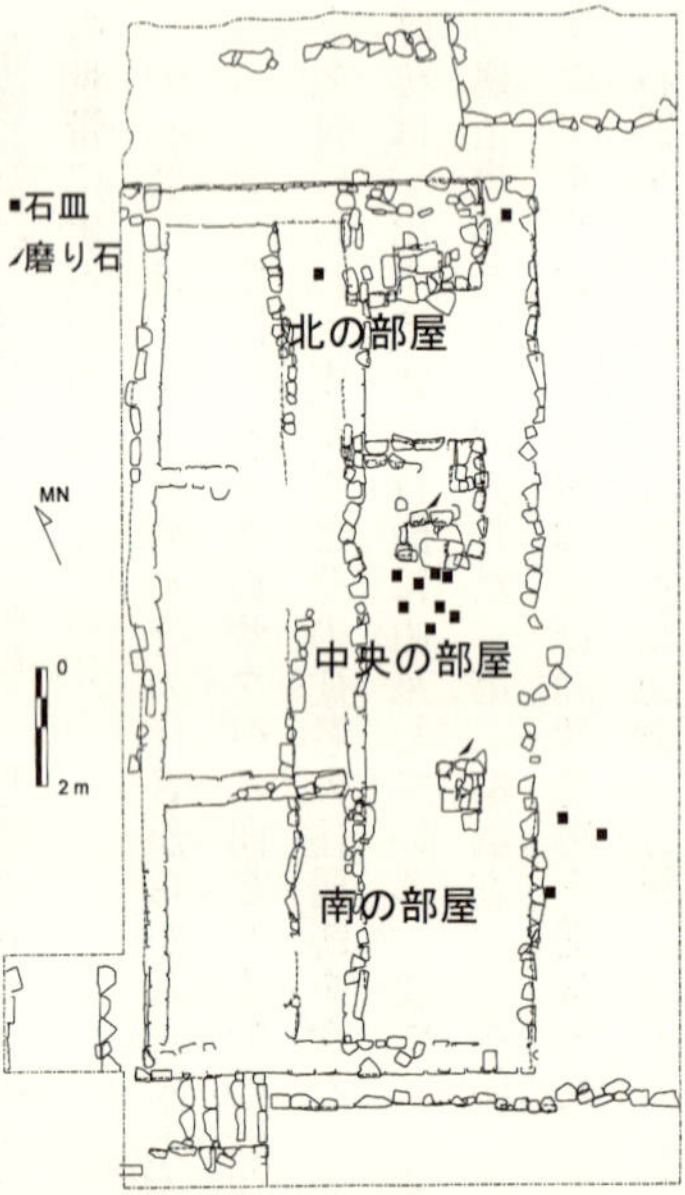

図**5-4**　アグアテカ遺跡の「鏡の家」

えば、「石斧の家」と「鏡の家」の北の部屋では、土製・石製紡錘車、骨針、製粉用磨製石器、調理や貯蔵用の実用土器など女性の活動と結びついた遺物が多数出土している。主に支配層の女性、おそらく書記の妻が食料の貯蔵、調理や織物の生産を行ったといえよう。

図 **5-5**　アグアテカ遺跡の彩色土器

「石斧の家」と「鏡の家」の中央の部屋や南の部屋では、男性の書記が顔料などを準備した石皿や磨り石、樹皮紙を製作する叩き石などが見つかっている。中央の部屋からは、遺物の出土量が他の部屋と比べて少なく、土器の図像から、訪問客の接待や会議にも用いられたことがわかる(図5-5)。換言すれば、貴族の住居は単なる生活空間であったのではなく、政治活動にも利用されていた。つまり宮廷の行政機能は、空間的に複数の地位の高い貴族の住居に分散していたことがわかったのである。

　従者の住居跡には、部屋が一つだけの小さなものから、三つあるものまであった(図5-6)。いずれにしても、支配層住居よりも小さく、造りが粗雑である。翡翠製品のような美術品や書記の業務に関連した石皿や磨り石は見つかっていない。また

図 **5-6**　アグアテカ遺跡の従者の住居跡

支配層住居跡と比べると、黒曜石製石器の出土数が少ない。石器の使用痕研究によれば、皮製品、木製品、骨製品の手工業生産や調理だけでなく、支配層住居跡にはない草刈りや土掘りも行われた。このことは、社会的地位の低さと関連しているといえよう。

戦争を考古学する

考古学調査によって戦争を実証するのは、実は容易ではない。特に防御遺構や戦争に関連する碑文や図像資料がなく、徐々に放棄された都市では困難である。住民が武器をはじめ主要な所有物を持ち出したので、武器の出土量が極めて少ない。その点、要塞都市アグアテカ遺跡の石器資料は、戦時の古典期マヤ支配層が住居で所有していた武器の種類、数、機能に関する貴重なデータを提供する。

支配層の焼失住居跡から、三〇~四〇点のチャート製石槍が出土した。大部分の石槍は破損しており、住居の内外の最終居住面に散在していた。つまりこれらの武器は、戦闘の結果、堆積したことがわかる。古典期マヤ人の戦争では、石槍が弓矢よりも重要な武器であった。王や支配層書記を兼ねる工芸家は、戦時には戦士でもあった。偉大な戦士としての功績は、支配層の権力をさらに強化したことであろう。

マヤ諸都市の図像資料には、戦争で捕虜になった後に指を切断された古典期マヤ書記の姿が散見される。アグアテカ遺跡の石器データは、書記が戦争に直接関わったことを示しており、両者は符合する。つまり王だけでなく、王の偉業を記録する碑文を生み出した書記を兼ねる工芸家も敵の標的になったといえよう。書記や工芸家を兼ねる戦士は、無抵抗に敵の捕虜になるか、あるいは逃亡したのではなく、屈強に応戦したのである。

アグアテカ遺跡と周辺地域の調査において、四三七点のチャート製石槍が収集され、そのうち三〇八点はアグアテカ遺跡から出土した。その数は、これまでに報告されている他のマヤ遺跡のそれをはるかに上回る。アグアテカ中心部の八つの建造物跡におけるチャート製石器に石槍が占める比率は、五・五パーセントである。これに対して、農民の住居跡やアグアテカの周辺遺跡では、武器や戦争の他の証拠は少なく、石槍の比率は一パーセントほどにしかすぎない。

アグアテカ中心部の石槍の高い比率は、長大な防御壁、敵による中心部の徹底的な破壊、戦争に関連する碑文や図像資料、都市の短時間の放棄といった状況証拠と共に、戦争がアグアテカにおける古典期マヤ文明の衰退の重要な要因の一つであったことを強く示す。

周辺部の農民の住居は、短時間で放棄されておらず、引越しする時間があったことがわかる。貴重な労働力として、敵の都市に連行されたのだろうか。敵がアグアテカを占領し続けることはなく、アグアテカは九世紀初頭に無人化した。戦争の目的は、王朝や貴族を服従させるためでも、都市を占領するためでもなかった。それはアグアテカ王朝と貴族の権力・権威を抹消するための、主に支配層の間の極めて破壊的な戦争だったのである。

石器を分析する

遺跡の発掘調査は、ハードで地道な作業である。ところが実際に発掘する期間は、調査資金の額にもよるが、各年数カ月ほどにすぎない。発掘には、意外とあっという間にすぎる「お祭り騒ぎ」的な側面がある。出土した大量の遺物の分析には、発掘の数倍の根気、労力と時間を要する。

私は、石器の基本的な分析を毎年グアテマラで行い、使用痕分析用の石器をグアテマラ国立人類学歴史学研究所から数百点ずつ借り出し、日本の研究室で研究した。こうして日本にいながらにして、一〇年をかけて三七四七点の石器の使用痕を分析することができた。遺物を国外に持ち出すなど、隣国のホンジュラスでは問題外である。グアテマラ人の友人たちのおかげで、私はマヤ考古学において一地域当たり最大級の石器の使用痕データベースを構築することができた。

　また、私は石器の生産・流通を解明するため石材ごとに石器の組成を調べた。それだけではなく、グアテマラ考古学では初めて母岩ごとに体系的な石器の接合を行った。石器をつなぎ合わせる接合といえば、日本の旧石器時代や縄文時代などの石器製作跡では一般的であろう。ところが、大部分のマヤ文明の都市遺跡では不可能に近い。都市住民による清掃と維持活動のために、同時期に製作され使用された石器が、床面の原位置に残っていないからである。アグアテカ遺跡は、石器の接合を実現できる、極めてまれなマヤ遺跡といえる。

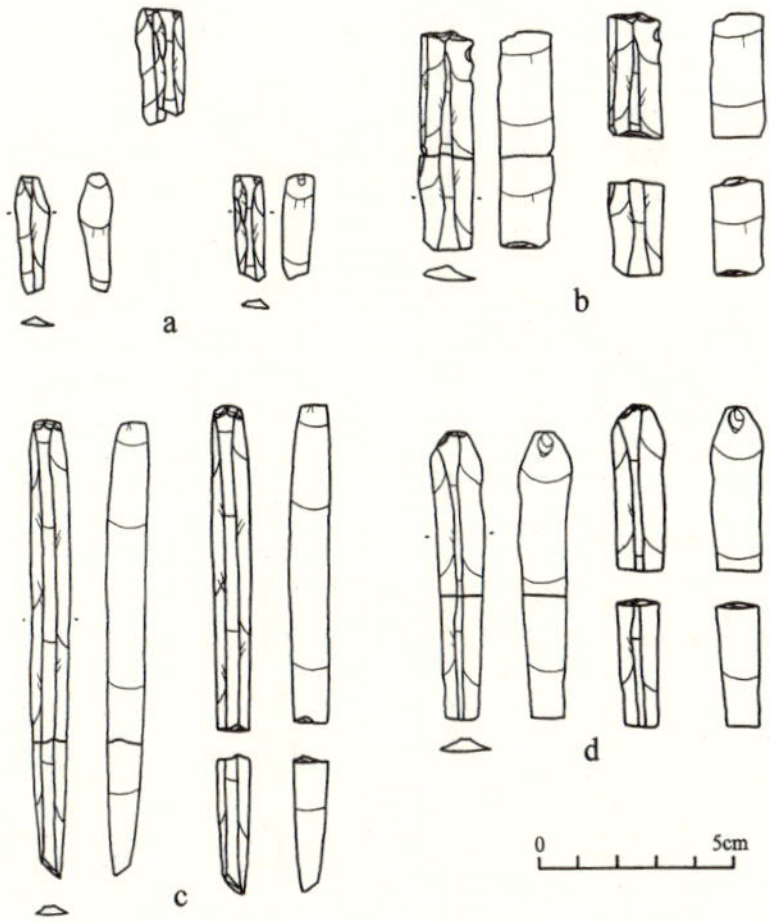

図**5-7**　アグアテカ遺跡の黒曜石製石刃の接合

　私は、三年にわたってじっくりと接合を試みた。その結果、たとえば同一の住居内や、異なった建造物の間でも黒曜石製石刃片の接合に成功した（図5-7）。注目すべきことに、支配層書記の住居跡の「石斧の家」と「鏡の家」において最も多くの石刃片の接合が可能であった。さらに異なった建造物の間では、たとえば「鏡の家」出土の石刃片は、従者の住居跡から出土した石刃片と接合できた。

大型の石刃や完全な形の石刃は、王に関連した建造物や支配層書記の住居から最も多く出土している。つまり王を中心とする宮廷が黒曜石の獲得や都市内の流通を統御し、石刃を生産し、石刃片を分配していたこと、そして各世帯ですべての石器を自家生産していなかったことが明らかになった。

日常の石器

地元産チャートから石器を作ったのは、誰だったのか。それは、支配層と農民の両方だった(図5-8)。その大部分もまた、主に実用品であった。各世帯で最も多く用いられたのは、誰にでも製作可能な剝片である。剝片とは、自然石を剝片石核として、その端や周辺を打ちかいて剝ぎ取った大小様々な不定形な石器を指す。アグアテカ中心部で発掘したすべての建造物跡において、複数のチャート製剝片と剝片石核を接合することができた。

石器を剝離するための叩き石は、支配層と農民のすべての住居跡から出土している。使用痕の分析によれば、チャート製剝片は、主に皮製品の製作や調理の他に、骨製品、貝製品、木製品の手工業生産や石の加工に用いられた。すべての剥片が石器の製作くずであったわけではなく、使用された剥片は多機能を有した「不定形石器」だったのである。

チャート製の定型石器では、石槍（両面調整尖頭器）や両面調整楕円形石器のような両面を加工した石器が多い。分厚い両面調整楕円形石器は、多機能の実用品であった。使用痕の分析によれば、主に石の加工に用いられたが、皮製品、木製品、骨製品、貝製品の手工業生産、調理や土掘りにも使用された。両面調整石器は、アグアテカ中心部において、農民の住居跡や周辺遺跡よりも盛んに生産された。つまり支配層は、農民や周辺遺跡の住民よりも定型石器を重点的に製作していたので

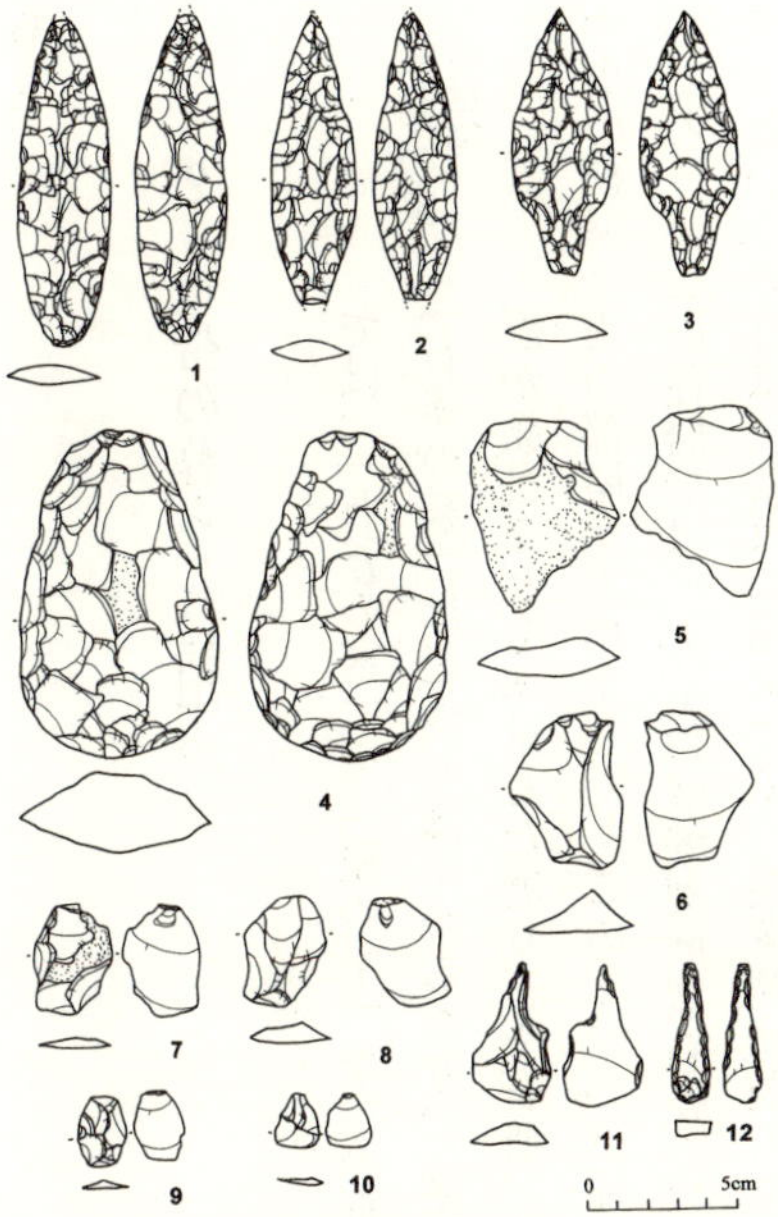

図 **5-8**　アグアテカ遺跡のチャート製石器(1-3 石槍，4 両面調整楕円形石器，5・6 剥片，7-10 両面調整剥片，11・12 石錐)

ある。

2　世帯の暮らしに迫る

「石斧の家」の世帯

では、「石斧の家」や「鏡の家」などの世帯を詳しくみてみよう。

「石斧の家」は三つの部屋からなり、支配層書記の世帯が住んだ。男性の書記が顔料などを準備した磨り石や石皿、樹皮紙を製作するための叩き石が、中央の部屋と南の部屋から出土した。この二つの部屋は主に世帯主の男性の書記が使ったのだろう。この住居では、大小の翡翠製磨製石斧二一点が見つかった（図5-9）。「石斧の家」という呼称は、これに由来する。翡翠製磨製石斧は、マヤ高地などから遠距離交換された貴重品であった。アグアテカのすべての発掘区から出土しているわけではなく、支配層に関連した遺構、特に支配層住居跡で見つかっている。これに対して、従者の住居跡やアグアテカ周辺部に住んだ農民の住居跡からはまったく出土しなかった。

磨製石斧は何に使われたのだろうか。使用痕分析によって、石斧が石の加工に用いられたことが明らかになった。アグアテカ遺跡では石彫の大部分は石碑が占めるので、これらの磨製石斧は石碑を彫るための道具セットだったことがわかる。マヤ考古学で初の実例である。他の世帯の構成員や従者も関与していたであろうが、「石斧の家」の書記は、王のために石碑を彫刻した彫刻家でもあった。

磨製石斧が、石灰岩よりも硬い緑色の石であったことは注目に値する。緑色は、マヤ人の世界観では世界の中心の色であった。緑色の磨製石斧の色自体が象徴的な意味をもっていたのだろう。つまり王の偉業を称える石碑を彫るにあたって、緑色の磨製石斧には特別な意味が込められていたと、私は考える。

図 **5-9** 「石斧の家」の緑石製磨製石斧

「石斧の家」の石器は、石碑彫刻の他に、皮製品、木製品、貝製品、骨製品の製作などに用いられた。黒曜石製石刃の製作くずの集中地点が、住居の南側で見つかった。支配層書記が、主に実用品であった石刃を生産したのである。男性の書記は、世帯の構成員や従者に手助けされつつ、こうした美術品や実用品を生産していた。

「鏡の家」の世帯

「鏡の家」は王宮と隣接しており、高い地位の書記の核家族的な世帯が住んだと考えられる。三〇〇点ほどの針鉄鉱製モザイク鏡片が出土したので「鏡の家」と呼んでいる。それは冶金《やきん》の鏡ではなく、マヤ高地から遠距離交換によって搬入された鉱物を磨いた鏡であった。今は錆びているが、往時は金色に光り輝いていた。鏡は支配層の威信財であり、弥生・古墳時代の日本列島と同様に、呪術的な力があると思われていたのだろう。

北の部屋、中央の部屋、南の部屋の三つの大きな部屋には、住人が寝たり座ったりした、いわゆる「ベンチ」がある。部屋は、中央の薄い壁によって前部と後部に分けられていた。「鏡の家」からは大量の貝製・骨製装飾品、未製品や製作くずが出土している。骨製品の中には、アグアテカの「紋章文字」を含むマヤ文字の碑文が刻まれているものもあり、住人が高い地位の宮廷人であったことがわかる。「鏡の家」出土の黒曜石製石器(四四一点)とチャート製石器(一一四八点)は、発掘された他の建造物跡よりも飛び抜けて多い。このことは、「鏡の家」の世帯の地位の高さや経済的な豊かさを示し、手工業生産に強く関わっていたことを示している。世帯の構成員や従者が、支配層書記の手工業生産を手助けすることもあったのだろう。

「鏡の家」の書記は、どんな工芸品を製作していたのだろうか。石器の使用痕分析によれば、「石斧の家」と比べて、木の加工の割合が肉・皮の加工よりも高いことが注目される。「鏡の家」では、木製品もかなり生産されたのである。また他の支配層住居よりも、とりわけ貝・骨製装飾品の生産が重点的に行われた(図5-10)。「鏡の家」からは「石斧の家」に次いで多い、全部で七点の翡翠製磨製石斧が出土している。使用痕分析によって、やはり石を彫るための道具であったことが判明した。換言すれば、「鏡の家」の住人も王のための石碑彫刻に関わっていたのだろう。

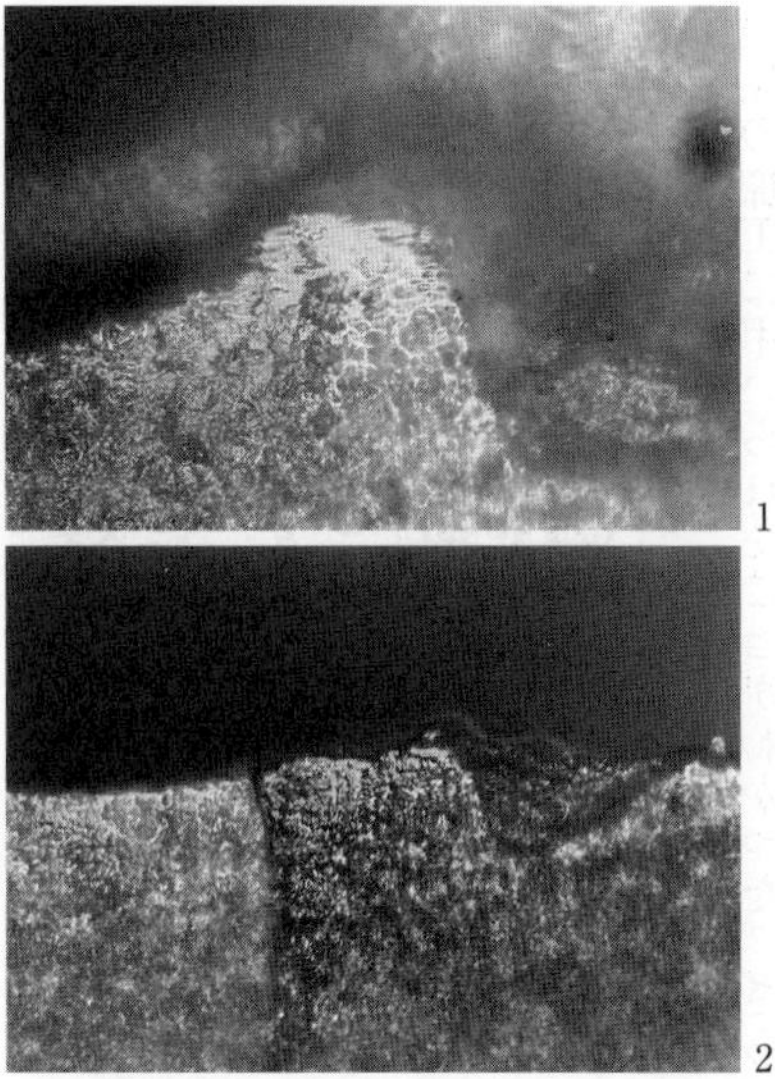

図**5-10**　アグアテカ遺跡のチャート製石器の使用痕(200倍). 1貝・骨の切断, 2肉・皮の切断

中央の部屋の前部や南の部屋の正面から、書記が顔料などを準備した石皿や磨り石が多く出土している。南の部屋では王が使う針鉄鉱製モザイク鏡の部品

およびカリ長石の儀礼用王冠が出土した。儀礼用王冠は、石碑などの石造記念碑で王が装着していることが多い(図5-11)。貴族の住居で製作過程の王冠が見つかったのは、アグアテカが初めてである。つまり七七〇年に即位した、アグアテカ最後の五代目タフン・テ・キニッチ王が、発掘品の王冠を装着する予定だったのだろう。

図**5-11**　アグアテカ５代目王の王冠

使用痕を分析した結果、建造物の南から出土した石器では、石の加工の比率が高く、こうした石製装飾品の加工に用いられたことがわかった。さらに南の部屋では王冠が出土した同じベンチの上で長さ二センチメートルほどに加工された骨製品が一〇点見つかった。これらもまた王の頭飾りの一部を構成したのだろう。南の部屋から出土した石器に貝・骨製装飾品の使用痕を最も多く同定できた。高い地位の宮廷人であった書記は、王に従属した支配層工人でもあり、敵が攻撃する直前まで王の装身具や奢侈品を生産・維持管理していたのだろう。碑文の解読や彩色土器の図像から、この男性の書記は、美術品・工芸品の生産だけでなく、行政・宗教的な業務なども行っていたことがわかる。

女性たちの生活

支配層の女性たちは、何をしていたのだろうか。「石斧の家」の北の部屋では、骨製針、紡錘車、製粉用磨製石器の石盤メタテや石棒マノ、調理や貯蔵用の実用土器など女性に関連した遺物が主に出土している(図5-12)。支配層の女性、おそらく書記の妻が主に使ったのだろう。図像資料や現代マヤ人の民族誌から、女性が食料の貯蔵、調理や衣服の製作にたずさわったと推測される。北の部屋から出土した石器としては、五四点の黒曜石製石器、七四点のチャート製石器、一点の叩き石、一五点の磨り石、八点の翡翠製磨製石斧がある。

図 **5-12** 「石斧の家」の北の部屋で出土した実用土器(左)とメタテ(右)

動物考古学者キティー・エミリーは、動物の骨や貝など、動物遺体の分析の専門家である。彼女とは、私がピッツバーグ大学に博士論文を提出する直前、一九九六年春のアメリカ考古学会で初めて会った。カナダ人のキティーは、ピッツバーグ大学の姉妹校コーネル大学の大学院に留学中だった。その後、アグアテカ遺跡調査団の同僚になり、英語とスペイン語で共著論文を出版するようになった。

「キティー、僕の使用痕分析によると、北の部屋から出土した石器は、調理の他に木製品、貝製品あるいは骨製品の加工にも用いられたことがわかったよ」

「それは興味深いわ。私は、北の部屋の正面から貝製品の製作くずを見つけたのよ」

「石器の使用痕の分析では、貝と骨の区別がつかないんだけど、それはおもしろいな」

「つまり、石器は貝製品の製作に用いられたのね」

「ということは、支配層の女性、たぶん書記の妻が調理だけでなく、少なくとも一部の手工業生産にたずさわっていたんだね」

より多くの状況証拠が揃えば、より強い議論を展開できる。石器の使用痕分析と動物遺体の研究の成果を照らし合わせることによって、支配層の女性が石器で貝製品を製作していたことがわかったのである。

「鏡の家」の北の部屋では、「石斧の家」の北の部屋と同様に、調理や食料の貯蔵が行われた。女性に関連した遺物、たとえば調理や貯蔵用の多数の実用土器、製粉用磨製石器の大きな石盤メタテや九点の石棒マノが出土している。また北の部屋では、骨製針と紡錘車がまとまって見つかった。ここでもおそらく書記の妻が、これらを主に使ったのだろう。

北の部屋から出土した石器としては、一三〇点の黒曜石製石器、三七六点のチャート製石器、四点の叩き石、四二点の磨り石、四点の翡翠製磨製石斧がある。

使用痕分析によれば、この部屋から出土した石器は調理だけでなく、木製品、骨製品、貝製品、土器の製作や石の加工にも用いられた。キティーの動物遺体の分析は、石器のデータと一致する。北の部屋では、骨製品と貝製品の製作くずが検出された。剝片石核や叩き石も出土しており、この部屋では剝片石器が製作されていたことも判明した。さらに土偶を作る型も見つかっているので、人や動物をかたどった土偶も製造されたことがわかる。書記の妻は、こうした手工業生産や活動の一端を担っていたのである。

注目すべきことに、「鏡の家」から出土した計七点の磨製石斧のうち四点は北の部屋から出土している。北の部屋に保管された石器には、男性の書記や従者が用いたものも含まれていたであろうから、男性がすべての磨製石斧を使ったのかもしれない。あるいは、書記の妻が一部の磨製石斧を使った可能性もあろう。「石斧の家」の場合も、八点の磨製石斧が北の部屋から出土している。従来の研究では、石造彫刻は男性だけがたずさわっていたと考えられてきた。私としては、マヤ人の支配層女性が、男性の書記に協力して石碑を彫刻した可能性を指摘しておきたい。

図 **5-13**　アグアテカ遺跡の王宮

破壊された王宮

アグアテカ遺跡最大の住居跡である王宮は、貴族の住居跡とは異なり、支配層建築に特徴的なマヤ・アーチの天井を有した。王宮の「仮面の家」には、東端の部屋、東の部屋、中央の部屋、西の部屋、西端の部屋の五つの主要な部屋の他に、正面の部屋があった。発掘調査の結果、大部分の出土遺物は原位置に残っていないことが明らかになった。完形または修復可能な土器の出土量が極めて少なく、場所によっては破片だけが大量に積み重なっていた。正面の部屋と周辺では、大量の土器片、石器、メタテの破片、翡翠製数珠、貝製装飾品の破片、黄鉄鉱の破片などが出土した。中央の部屋、東の部屋および西の部屋には、ほとんど遺物が残されていなかった。王宮の「骨の家」では、床面の上の遺物の出土量がさらに少なかった(図5-13)。

王宮は、他の焼失建造物跡とは放棄のパターンが明らかに異なる。これは、何を意味するのだろうか。その答えは、破壊儀礼である。敵が王宮を破壊し、ゴミを撒き散らして火を放ったと考えられる。王は、敵が攻撃する前にすでに逃げていたのであろう。

興味深いことに、五代目王が「大広場」に建造させた神殿ピラミッドでも破壊儀礼が行われたことがわかった。しかも敵は、「大広場」に立つ先代の王たちの石碑には手をつけずに、五代目王の石碑と神殿ピラミッドだけを徹底的に破壊した。アグアテカを最後に統治したこの王は、敵からよほど恨みをかっていたのだろうか。破壊儀礼は、おそらく勝者の敵軍と敗者のアグアテカの貴族の面前で、王権を象徴的に抹消するために公然と執行されたのだろう。

未完の神殿ピラミッド

さらに興味深いことに、「大広場」に面するアグアテカ最大の神殿ピラミッドが、八一〇年頃の戦争のために建設途中で放棄されたことがわかった(本章扉写真)。その正面に置かれた石造祭壇も未完成であり、八一〇年に相当する暦の日付が刻まれている。発掘調査によって、完成した壁面と未完成の壁面、および神殿内部に建造中であった王墓へと続く作業用の傾斜路が出土した。さらにチャート製磨製石斧、両面調整楕円形石器、剝片、叩き石など、建設作業に使用されたと考えられる石器が多数出土している。この大きな神殿ピラミッドは、これまでにマヤ地域で確認された数少ない未完成の神殿ピラミッドなのである。

私の使用痕分析によれば、王宮から出土した大部分の石器は使用済みであった。石器は床面の上ではなく、敵が破壊儀礼で撒き散らした上層のゴミの中から出土している。対照的に「仮面の家」の西端の部屋では、大量の両面調整剝片（両面調整石器の製作過程で生じた剝片）と石槍（両面調整尖頭器）の失敗品が床面の上から出土した。「仮面の家」から出土した両面調整剝片の実に九割以上が、西端の部屋のベンチの前から出土した。

西端の部屋では、何が行われたのだろうか。使用痕分析によって、九八パーセントの両面調整剝片は実際に未使用、つまり石槍の製作くずだったことがわかった。アグアテカに居残った王家の人あるいは貴族が、西端の部屋において敵襲を前にして石槍を製作していたのである。石槍の製作者はベンチに座り、敵の脅威を感じながら石槍を作ったのだろう。しかしこの最後のあがきは、アグアテカに勝利をもたらさなかった。

仮面と劇場的パフォーマンス

王家の人々は、どのような活動にたずさわっていたのだろうか。その解明の鍵を握るのが、王宮の「仮面の家」の東端の部屋である。それは唯一外から密閉されて、王家の所持品の一部が貯蔵されていた。儀式用の土製仮面、土器の壺、小型の土製太鼓、マヤ文字が刻まれた骨製品や貝製品、針鉄鉱製鏡、石器などが見つかった。王家の人々は、敵襲の後に、アグアテカに戻ってこれらの所持品を再び利用するつもりだったのだろう。

とりわけ厚さ二ミリメートルという超薄型の儀式用の土製仮面二点は、マヤ考古学で初の発見である。五代目タフン・テ・キニッチ王が、土製仮面を儀礼に使ったのだろう。碑文や図像研究によれば、王や貴族が権威を強化するための劇場的パフォーマンスとしては、儀礼的な踊りや音楽が重要だった。男性の貴族が、楽器を演奏した。アグアテカでは、ほら貝、土製フルート、動物や人物をかたどった土偶兼笛、土製の筒に皮を張った太鼓などが、発掘したすべての支配層住居から出土している。古典期マヤ社会では、踊りや音楽はエンターテイメントであるだけでなく、王や貴族が権威を被支配層に誇示するための政治的な活動だったのである。

東端の部屋から出土した石器には、使用痕分析によって肉・皮や木の加工が確認された。王家の人々もまた木製品、皮製品といった手工業生産や工芸品の造形にたずさわっていたことがわかる。王宮の「仮面の家」からは石碑彫刻家を兼ねる書記の「石斧の家」に次いで、「鏡の家」と同じく計七点の翡翠製磨製石斧が出土している。使用痕分析によって、石斧はやはり石の加工に用いられたことが判明した。換言すれば、王家の人々も、何らかの形で石碑の彫刻に関わっていたのである。

一方、石器の使用痕分析では、王宮の「仮面の家」から出土した石器に貝・骨製装飾品を製作した証拠はまったく認められなかった。「仮面の家」では骨製品や貝製装飾品の完成品が多く出土しているのに対して、支配層書記の住居跡のような貝・骨製品の未製品や破片が見つからなかった。「骨の家」出土の石器にも貝・骨製装飾品の製作を示す使用痕は観察されなかった。ということは、王家の人々はこうした貝・骨製の美術品を製作せず、「鏡の家」のような支配層書記の世帯から完成品を受け取っていたのである。このことは、古典期マヤ支配層内の社会経済的な階層性の一面を示している。

注目すべきことに、農民の住居跡では、貝製品や骨製品を製作した証拠がまったく見つからなかった。またアグアテカの南に立地する小都市遺跡では、石器は、主に木製品の生産や肉・皮の加工などに用いられたが、貝・骨の加工比率は極めて低い。つまり周辺遺跡の住民は、貝・骨製品をほとんど生産しなかった。一方、工芸家を兼ねる支配層書記は、海産貝製装飾品をはじめ、美しい貝・骨製美術品を重点的に製作して権威や権力を強化したのである。

マルチタレントな王や貴族

アグアテカ遺跡の調査成果をまとめてみよう。発掘されたすべての支配層住居跡から、美術品および実用品を生産した証拠が見つかった。王家の人々や高い地位の宮廷人を含む支配層は、自らの手で美術品や工芸品を作っていた。マヤ文明では貴族は神官でもあり、宗教儀礼を執行したが、一方では貴族自身が美しいマヤ文字を刻んだ骨製品や貝製品といった美術工芸品を製作した。日本の平安時代と同様に、王族と貴族だけがマヤ文字を読み書きできた。そうした骨製品や貝製品、さらに黒曜石製石刃の製作くずは貴族の住居跡から出土した。マヤの貴族は威信財の美術工芸品だけでなく、実用品もかなり作っていた。

図 **5-14**　彩色土器に描かれた書記

王家や貴族の世帯では、木製品や皮製品が生産された。一方で「石斧の家」の男性の支配層書記は石碑の彫刻を、「鏡の家」の男性の書記は貝・骨製装飾品や王の装身具のような美術品の製作を重点的に行った。

支配層の女性は調理だけでなく、古典期マヤ文明を構成した美術品や工芸品の生産の一翼を担っていた。熟練した支配層工人が生産した、石彫、彩色土器、貝・骨製装飾品、織物などの美術品は価値が高く、製作活動自体が超自然的な意味をもっていた。洗練された美術品の製作は、知識教養階層の王族・貴族と農民の地位の差を拡大し、宮廷における権力争いでも重要な政治的道具であった。

マヤの支配層は、ある意味でマルチタレント的な存在だった(図5-14)。支配層を構成したアグアテカの男性と女性の工芸家は、異なった状況や必要性に柔軟に対応して複数の社会的役割を果たした。専門の天文学者、専門の書記は存在しなかった。同一人物が書記であると同時に、石器、木製品、貝・骨製品といった手工業品を生産し、あるいは石碑を彫刻し、戦争、天文観測、暦の計算、他の行政・宗教的な業務といった多種多様な活動に住居の内外でたずさわっていた。

逆にいうと支配層は政治や戦争だけでなく、文字や天文観測から手工芸まで農民が享受できない様々な知識や技術を専有することで、自分たちの権威、権力を強化した。旧大陸の「四大文明」では、支配層が配下に工人や学者などの技術・知識集団を抱えていた。それとはまったく異なる価値観が、マヤ文明には存在していたのである。

いよいよ最終章では、マヤ文明を学ぶ今日的な意義について考えてみよう。

第6章

マヤ文明の盛衰は語る

カリブ海を望むトゥルム遺跡．16世紀，スペイン人がここにも上陸

1　何が「衰退」をもたらしたか

九世紀に「崩壊」したのか？

古典期終末期の九世紀になると、マヤ低地南部で石造記念碑と大建造物の建立が途絶え、多くの都市が放棄された。古典期マヤ文明は、突然に全体的な「崩壊」を遂げたのだろうか？　この現象は、今なお「神秘的なマヤ文明の謎の崩壊」としてマスメディアに取り上げられることが多く、多くの人の関心を集めてやまない。

「崩壊」という表現は、すべてが急激になくなってしまうことを意味するので不適切である。マヤ文明という高文明は、マヤ地域全体から見れば、決して九世紀に「崩壊」して「滅び去った」のではない。マヤ低地北部では、古典期後期から、チチェン・イツァ、ウシュマル、コバー、ツィビルチャルトゥンなどが栄え始め、マヤ低地南部の多くの都市が衰退した古典期終末期（八〇〇～一〇〇〇年）に全盛期に達した。

その後も数多くのマヤ都市が、マヤ低地北部やマヤ高地を中心に興隆した。巨大な統一国家がなく、多様な王国が共存していたために、マヤ文明全体が崩壊することはなかったのである。マヤ文明がもつ多様性の強みといえよう。一六世紀にスペイン人が侵略した後も、その文化伝統は、マヤ諸語を話す先住諸民族によって現在まで生き続けている。

マヤ低地南部の古典期マヤ文明は、突然、一様に衰退したのではなく、八世紀から一〇世紀にかけて衰退した。たとえば、グアテマラのドス・ピラスが敵の襲撃によって七六一年に破壊されたのに対して、ベリーズのカラコルは九世紀末頃の戦争によって焼かれ、メキシコのトニナでは少なくとも九〇九年まで石碑の建立が続いた。マヤ低地南部全域が衰退したのではなく、セイバルやベリーズのラマナイのように、九世紀を通じて高い人口を維持し続けた都市もあった。ラマナイは、海岸沿いの水上交易路の近くにあり、カカオや綿のような特産品の生産に適した土壌や気候に立地したので、先古典期から植民地時代に至るまで繁栄し続けた。つまり都市や地域ごとに、多様な社会変化の過程があったといえよう。

「衰退」の内実

では「古典期マヤ文明の衰退」と呼ばれる、古典期終末期のマヤ低地南部の社会変動の特徴とは何なのだろうか。

一つは、神聖王を頂点とする国家的な政治組織の衰退である。このことは、王の図像や偉業を刻んだ石碑をはじめとする石造記念碑や神殿ピラミッドなどの大建造物の建立が途絶えたことに強く反映されている。

もう一つは、諸都市の人口が激減したことである。アグアテカのように戦争によって都市が短時間で放棄された場合もあるが、大部分の都市では一世紀余りにわたって人口が次第に減少していった。都市中心部だけでなく、周辺部でもかなり大幅に人口が減少し、究極的にマヤ低地南部の多くの都市が放棄されたのである。

「古典期マヤ文明の衰退」は、単なる王朝の交代や政治組織の改変ではなかった。衰退した都市では、支配層だけでなく、全社会階層を巻き込んだ極めて劇的な社会変動があったのである。そして、放棄された都市が再興することはなかったのが、大きな特徴の一つといえよう。マヤ低地南部の大部分は、ジャングルに覆われ、人口が希薄なまま今日に至っているのである。

衰退の原因を探る

調査研究の積み重ねによって、古典期マヤ文明の衰退は、もはや「謎の崩壊」ではなくなっている。これまでに、(一)人口過剰、(二)環境破壊、(三)戦争、(四)干ばつ、(五)経済組織と交易路の変化、(六)外敵の侵入、(七)農民の反乱、(八)マヤの宗教に基づく宿命的な末世観、(九)自然災害(地震、ハリケーン、害虫など)、

(一〇)疫病の流行、など様々な仮説が提唱されてきた。現在では、多様で複雑な社会変動の過程を単一の要因で説明することはできず、複数の要因の相互作用があったにちがいない、ということで研究者の意見が一致する。私も同意見である。しかし、それぞれの要因の相対的な重要性と相互作用についての解釈は、研究者の間で大きく異なる。

このうち(八)宿命的な末世観、(九)自然災害、および(一〇)疫病は、現在ではあまり重視されていない。また、(七)農民の反乱を示す直接的な証拠はない。(五)経済組織と交易路の変化は、古典期終末期に、交易などの経済活動の中心がマヤ低地北部に移り、それがマヤ低地南部の諸都市の衰退につながったという説である。しかしマヤ低地南部の衰退の原因というよりむしろ、その結果として経済活動の中心が移ったと考えられよう。

同様に(六)外敵の侵入があったとしても、それがマヤ低地南部の衰退の直接の原因ではなく、マヤ低地南部の混乱に外部の民族が乗じたとする説が有力である。つまり、(五)経済組織と交易路の変化や(六)外敵の侵入といった外的要因は、マヤ低地南部の諸都市の衰退に拍車をかけたといえよう。

(四)干ばつに関しては、マヤ低地北部の湖底堆積層の不確かなデータに基づいて、九世紀に降水量が減少したという仮説が提出された。こうした試料の分析は、精度が低く、五〇年を超える年代測定の誤差が容易に生じうるのが問題である。またマヤ低地南部の湖沼の調査では、干ばつを示す明らかなデータは得られていない。マヤ低地南部で多くの都市が九世紀に衰退する中で、より乾燥したマヤ低地北部では多くの都市が繁栄した。この矛盾はどのように説明できるのだろうか。私たちの研究チームは、セイバル遺跡付近の湖沼でボーリング調査を実施し、環境史を高精度に復元しているところである。

人口過剰、環境破壊、戦争

現在のところ、マヤ低地南部の古典期マヤ文明衰退の直接的な要因として最も重要視されているのは、(一)人口過剰、(二)環境破壊と(三)戦争である。マヤ低地南部全体に目を向けると、八世紀に人口がピークに達し、王朝内および王朝間における戦争が激化して王朝の権威が弱体化・失墜したことを示唆する証拠がある。この頃、戦争に関する碑文や図像が激増した。マヤ低地南部の各地で、それまでマヤ文字が刻まれた石彫をもたなかった中小都市が、その建立を開始した。王は複数の后を有していたために王朝内で王族や貴族の数が増え、権力闘争が激化し、有力貴族が王の権威を脅かし始めたのであろう。

上述のように、ドス・ピラスやアグアテカが栄えたペテシュバトゥン地域では、八世紀から戦争が激化した。注目すべきことに、湖底堆積層の花粉分析や動物遺体の研究によれば環境が悪化した証拠はなく、人骨の分析では健康状態や栄養の悪化もみられない。ペテシュバトゥン地域は、八世紀に人口が急増していることから、他地域ほど環境破壊が進行していなかったのかもしれない。しかし、人口集中地帯からの移住によって人口が増加した可能性もあり、土地問題などがかなり深刻になっていたのではないだろうか。

私は、農業を基盤とした古典期マヤ文明に衰退をもたらした最も根本的な要因は、人口過剰と環境破壊であったと考えている。第2章のコパンの例のように、マヤ人は、森林を徹底的に破壊したのではなく、ある程度は森林を守る循環型の文明を築き上げた。ところが、マヤ低地南部では八世紀に総人口がピークに達し、農耕地や宅地の拡大によって森林が減少し、農耕によって土地が疲弊した地域が多かった。

地盤が石灰岩の薄く浸食されやすい熱帯低地の土壌は、いったん土地が疲弊するとその再生に時間がかかる。ティカルやコパンをはじめ多くの都市で、人口増加のペースが土地の再生に必要な時間を上回り、食料が不足した。都市化が進むと、非農民人口が増加すると共に、農耕地が不足し、さらに農業が圧迫された。農民は都市を離れ、水と食料を確保できる土地に移住していった。多くの都市が繁栄を極めた結果、その限界を超えて衰退していったのである。

マヤ文明の歴史的教訓

マヤ低地南部の諸王は、戦争や生態系の悪化といった諸問題に対応するために、現代の私たちからみると、最悪の時に最悪の解決策を講じた。すなわち、自らの権威を正当化し、神々の助けを請うために、より巨大な神殿ピラミッドを建設し、更新し続けたのである。それは当時の文化的バイアス、特に宗教観念に基づいたお決まりの解決法であった。

神殿ピラミッドの建設活動は、各王朝が競争して行った政治的な宣伝活動であると同時に、マヤ人の山信仰と深く結びついていた。賦役に駆り出された農民の負担は、より大きくなったであろう。農業がさらに圧迫され、その結果、食料が不足し、戦争が激化した。古典期末の大神殿ピラミッドは、マヤ文明の黄昏時の始まりを象徴していた。

心配なことにこうした傾向は、スケールや時代背景はまったく異なるが、西洋科学文明の「進歩」や市場原理主義を追求した結果、七〇億人の「宇宙船地球号」が直面している現代の重大な危機に酷似している。たとえば、熱帯雨林の減少、砂漠化、オゾン層の破壊、土壌汚染、酸性雨による生態系の破壊といった地球規模の環境破壊、日本をはじめとする先進諸国における農業人口の減少、今後の地球人口の増大に伴う食料難や飲み水の不足、さらに地球上で絶えることがない戦争やテロが挙げられよう。

日々の生活に追われる私たちは、一〇〇年以上にわたる文明の衰退の全プロセスを一代では観察できない。一〇〇〇年後の人類が、「二一世紀の人類、日本人は、自らのバイアスを認識して超克できなかった。諸問題を解決するよりも、むしろ悪化させるような悲惨な対応策を講じてしまった。なんと愚かだったのか」と嘆かない保証はない。

人間の一生ではとうてい観察できない数千年という時間枠の中で、いつ、どこで、なぜ、どのように、文明が盛衰したのかを検証できるのが、考古学の強みといえる。マヤ文明を学ぶ今日的な意義の一つは、ささやかながら現代地球社会の諸問題の解決に光明を投げかけうることである。ポジティブな面では、マヤ人は多様な自然環境と共生し、二〇〇〇年近く、都市によってはそれ以上にわたって持続可能な発展を成し遂げた。マヤ文明の長期間にわたる成功と究極的な失敗の要因を知ることは、大惨事を回避する鍵になるかもしれない。

私たちは、諸問題の根本的な原因を見落とすような偏った考え方にとらわれて、新たなオプションを見出せずにいないだろうか。一部の人間が短期的な利益を追求するあまり、長期的な衰退を招いていないだろうか。「得意の科学技術」によって危機を克服できるという、過度な期待をしていないだろうか。マヤ文明は、「文明とは何か」という問題を私たちに問いかけている。

2　侵略のダメージを越えて

ヨーロッパ人の侵略前夜

かつて後古典期(一〇〇〇年〜一六世紀)は、マヤ文明にとっての「退廃期」とみなされていた。その芸術や建築には、たしかに古典期の壮麗さはなかった。しかし、後古典期の複雑な政治経済組織は、活気にあふれていた。海上遠距離交換が発達し、商業活動がより盛んになったのである。ユカタン半島の低地では、綿、カカオ、蜂蜜、塩などの特産品が生産され、マヤ高地から黒曜石、翡翠、ケツァル鳥の羽根などが搬入された。

古典期の超自然的な権威をもつ神聖王に代わって、後古典期ユカタン地方の商業志向の王は、ハラチ・ウィニク(真の人間)という称号を有し、古典期のような大神殿ピラミッドの建設に執着しなかった。宗教儀礼は、後古典期マヤ人にとって古典期と同様に重要であり、多くの神々が信仰された。そして、神々を造形した精巧な土器の香炉が大量生産されることによって、被支配層にも流通するようになった。いうまでもなく、大量生産は、洗練された経済組織を要する専門技術である。

芸術と建築の「退廃」は、必ずしも文化全体の衰退を意味しない。これは例えるならば、江戸時代の城郭の本丸・二の丸・三の丸と現代日本の画一的な家屋が立ち並ぶ住宅地区の芸術・建築面を比較して、現代日本社会は退廃したと結論するようなものである。マヤ文明は、一六世紀にスペイン人が侵略するまで発展し続けたのである。

後古典期前期(一〇〇〇～一二〇〇年)のマヤ低地北部では、チチェン・イツァが衰退し中小都市が林立したが、一二世紀にマヤパンという都市が発展した。マヤパンは、後古典期後期(一二〇〇年～一六世紀)のユカタン半島北部の広範な地方に及んだ政治同盟の主都として栄えた。政治同盟を結んだ各地方の支配者の家族は、マヤパンに住むように義務づけられ、忠誠を誓った。徳川幕府が、大名の妻子を江戸に人質にすることで反乱を防止したのとよく似ている。

後古典期後期は、頻繁に戦争が行われた時代であり、弓矢が重要な武器になった。一五世紀半ばにマヤパンが戦争によって破壊された後、マヤ低地北部は小王国によって割拠された。後古典期後期のマヤ高地も、同様に割拠されていた。

トゥルムは、スペイン人が遭遇したマヤ都市の一つであった。J・グリハルバらスペイン人侵略者は、一五一八年にユカタン半島に遠征し、「セビリアにも勝るとも劣らない大きな町」やその「高い塔（神殿ピラミッド）」に驚嘆したと書いている。トゥルムは、ユカタン半島東部のカリブ海を望む、後古典期の交易港として栄えた。かつて交易品の運搬が行われたエメラルドグリーンの美しい海と白い砂浜が広がり、現在は多くの人が海水浴を楽しんでいる。観光客が多く訪れる風光明媚な遺跡は、私のお勧めである（本章扉写真）。メキシコが世界に誇るリゾートのカンクン市の近くなので、読者のあなたも機会があればぜひとも訪れてもらいたい。

スペイン人とマヤ人の攻防

P・アルバラード率いるスペイン人侵略者は、マヤ高地でキチェ・マヤ人と敵対するカクチケル・マヤ人を味方につけて一五二四年にキチェ・マヤ人の主都ウタトランを破壊した。

伝説によれば、キチェ・マヤ人戦士テクン・ウマンは、おびただしい数のケツァル鳥の羽根に身を飾り、鳥に変身してアルバラードと交戦したが討ち死にする。その地は、グアテマラ第二の大都市ケツァルテナンゴ（「ケツァル鳥の丘」という意味）になっている。その後、アルバラードらは、カクチケル・マヤ人の「反乱」（マヤ人にとっては国土回復戦争）を「平定」(マヤ人にとっては侵略)したのであった。

F・モンテホ率いるスペイン人侵略者は、小王国が割拠していたユカタン半島北部の侵略を一五二七年に開始した。ところが彼らは、多様性に富んだマヤ人集団を短期間で支配できなかった。また、マヤ人をひとたび支配下においても、各地で「反乱」にあった。征服事業は困難を極め、モンテホの息子が一五四六年にようやく完了させた。スペイン人は、海岸部や高地の拠点にスペイン風の植民都市を建設して、マヤ地域の征服を宣言した。

しかし、それは「未完の征服」にしかすぎなかった。植民地時代を通してマヤ人の「反乱」が絶えず、スペイン人の支配が直接及ばない地域が多く残されていたからである。多数のマヤ人が、一六世紀から一七世紀にかけて、そうした地域に逃亡・移住した。それは、ユカタン半島東部、半島中部、マヤ高地の大部分などであった。

ユカタン半島中部の熱帯ジャングルの密林は、スペインの植民地に不向きな「野蛮」かつ危険きわまりない場所であった。熱帯雨林に守られたタヤサルは、グアテマラ北部にある後古典期・植民地時代のイツァ・マヤ人の都市として栄えた。タヤサルは、コロンブスの航海から実に二〇〇年以上経った一六九七年にスペイン人に侵略・破壊されるまで独立を保った、マヤ文明最後の都市だったのである。

スペイン人侵略後のマヤ人の歴史は、人類史上まれにみる悲惨なものである。マヤ文明の諸都市は、スペイン人によって破壊された。スペイン人や旧大陸の家畜が持ち込んだ天然痘、はしか、チフス、インフルエンザなどの新しい病気が、免疫力のない先住民の間で大流行した。数多くのマヤ人が戦死ではなく、「目に見えない敵」によって病死した。さらにスペイン人による過酷な強制労働やカリブ海の島々への先住民奴隷貿易などによって、マヤ人の人口は激減し、一七世紀には一〇分の一未満になった。その後、マヤ人の人口は回復していったが、植民地社会の最底辺に置かれ、服従と搾取を強いられた。

新たなマヤ文化の創造

一八二一年に、メキシコと中央アメリカ諸国が独立する。それは、スペイン人移住者の子孫によるスペイン本国からの独立であり、先住諸民族によるものではなかった。国内植民地主義のもと、マヤ人は、スペイン語や同化政策を強いられ、いわれなき差別、貧困や人権侵害に苦しんだり、先祖代々の土地を追われたりしてきた。

しかし、マヤ文化がスペイン文化に吸収されたのではなかった。マヤ人は、先スペイン期と同様に、外来の文化要素を取捨選択し、あるいは強制されたものを自己流に解釈して新たなマヤ文化を創造し続けた。マヤ文字の使用は途絶えたが、マヤ人の貴族の末裔はアルファベットを用いて、したたかかつ秘かに神話、歴史、暦などを筆写していった。土着宗教を根絶してマヤ人をキリスト教徒に強制的に改宗する「魂の征服」は、失敗に終わった。多くのマヤ人が洗礼を受けさせられ、カトリック教会に通うようになったが、多神教のままであった。そして、中世スペインのカトリックと土着宗教が融合した新たな宗教、フォーク(民俗)カトリシズムを創造していったのである。

図 **6-1**　グアテマラのマヤ人女性の色鮮やかな民族衣装

マヤは現在進行形の生きている文化

私が強調したいのは、マヤ文明が「我々人類」の歴史の重要な一部であるだけでなく、現代からもかけ離れたものではないことである。マヤ文化は、旧大陸文化の影響を受け、メキシコや中央アメリカ北西部の国民文化の形成に影響を与えながら、変容を続けてきた。マヤ人が「大昔から同じ生活をしている」という、一部のマスメディアの誤った見方は、彼らの文化的創造性に対する侮辱である。グローバル化が進む世界で、あらゆる文化はハイブリッド・カルチャーであり、日本文化やマヤ文化もその例外ではない。

グアテマラでは、言語だけでなく、女性たちの色鮮やかな民族衣装が誰の目にも明らかな「マヤ」イメージを植え付ける（図6-1）。文化人類学者の本谷裕子さんの現地調査によれば、マヤの服飾文化には「変わらぬもの」と「変わりゆくもの」がある。グアテマラ高地のマヤ女性は、先スペイン期と同様に、今も木の棒に糸を渡した簡素な織り機を作り、手織り布を織って衣服を作り装う。ところが、ウィピルと呼ばれる貫頭衣に多様な色の紋様が織られるのは、ハイウェイが開通し、工場で大量生産された安価な色糸が流通するようになった一九六〇年代以降にすぎない。彼女たちは、外部社会からもたらされる変化を柔軟に取捨選択し、あるいは改編して、古来の紋様と新たな紋様を織り交ぜて民族衣装を作り上げているのだ。

最近では、古着の衣が観光客用の民芸品として再利用され、現代国家の国境を越えてメキシコのチアパス高地やユカタン半島の「マヤ」イメージを彩っている。現代マヤ文化は、過去の文化や歴史の総和であり、現在進行形の生きている文化伝統なのである。マヤ文明を学ぶことは、マヤ系先住諸民族の豊かな歴史・文化伝統やマヤ文明が興隆したラテンアメリカ諸国の文化・社会・歴史を理解する上でも意義が大きい。

3　新たなステップへ

マヤ研究の偏り

マヤ文明は、一六世紀のスペイン人侵略者による「発見」に続き、一九世紀から欧米の探検家によって「再発見」されていった。マヤ文明を「世界史上まれにみる神秘的でユニークな謎の文明」とみなす見方は、一九世紀から二〇世紀前半までの欧米の探検家や考古学者の先駆的な調査研究に基づき構築された。彼らは、困難な野外条件に立ち向かい、マヤ暦、天文学や宗教を主に研究し、土器や建築の基礎的な編年を確立した。

初期の欧米マヤ学者の関心は、古典期のマヤ低地南部の大遺跡中心部にあった。ハーバード大学ピーボディー博物館、ワシントンのカーネギー研究所、大英博物館などによる調査は、神殿ピラミッドなどの大建造物、マヤ文字が刻まれた石碑や祭壇といった石造記念碑などの支配層文化に集中した。特に古典期のマヤ低地南部が強調されたのは、マヤ文字の碑文が多いからである。二〇世紀半ばまでマヤ考古学は、主に上流階級に属した欧米マヤ学者だけの特権・趣味であった。また、男性が圧倒的多数を占めた。

彼らが自らの価値観を投影して考古資料を主観的に解釈する傾向があったことは、いくら指摘してもし足りない。被支配層の文化が軽視され、マヤ社会全体を復元する上で大きな偏りが存在した。これは、例えるならば、三三世紀の考古学者が都心の高層ビルや皇居の主要な建物だけを調査して、二一世紀の東京都の文化を復元するようなものであった。

研究の新たな潮流

二〇世紀後半から、より現実的で、より客観的なマヤ文明観が構築されてきている。新しいマヤ文明観の形成には、第二次世界大戦後の自由な時代の雰囲気の中で、米国科学財団（NSF）が創設されたこと、およびアメリカの大学における人類学部の急増に伴って教員ポストが大幅に増加したことなどの影響が大きい。

その結果、上流階級以外の男女のマヤ研究者が大幅に増加し、マヤ文明の研究に多様な社会経験や幅広い視点がもたらされるようになった。そして、放射性炭素年代測定法などの自然科学年代測定法、人工衛星や航空機を利用したリモートセンシング（遠隔探査）による遺跡踏査や光波距離計を搭載した測量器具による遺跡測量、中性子放射化分析や蛍光X線分析などの遺物の原産地同定をはじめとする理化学分析、コンピュータによる考古学データの統計処理など、新しい科学技術が導入された。

最も革新的な方法論は、セトルメント・パターン（人々が景観上に残した遺構や遺物の配置パターン）の研究であった。この面の調査が二〇世紀半ばにマヤ考古学に導入され、「都市なき文明」説が否定された。アメリカ考古学に生態環境の視点が復活し、文明と環境の相互関係が包括的かつ体系的に研究されるようになった。

考古学者も、他の学問分野と同様に、「時代の子」である。人間は、時代の強制力、文化的背景、人間観、観念体系、ジェンダー、学問的パラダイム（大枠）など、自らのもつ様々なバイアスから逃れられないので、過去や現在の社会を完全に客観的に理解できない。しかし優れたサンプリング法を用いて、個別の社会および人類全体の共通性と多様性をより良く理解する上で重要なパターンを認識し、「統計的事実」を得ることはできよう。今後の調査によって、マヤ文明の詳細がさらに解明され、より客観的なマヤ文明観が構築されていくであろう。マヤ文明の魅力は、この尽きることのない研究の成果にある。

もう一つの魅力は、何国人であろうと、大学院生のレベルで現地で調査を実施して、より新しいマヤ文明観の構築に多少なりとも貢献できることである。日本人をはじめ様々な文化的背景をもつ人がマヤ文明を研究することによって、より多様で幅広い視点がもたらされつつある。いずれにせよ、マヤ考古学者が自らのバイアスを認識して、超克しようと努力することによって、マヤ文明の研究は発展し続けていくのである。

現代マヤ人にとってのマヤ文明

では現代のマヤ人にとって、マヤ遺跡はどういった意味をもつのか。第1章でみたように、標準語の「マヤ語」は存在せず、「マヤ」という呼称はもともと他称であり、「マヤ民族」という単一民族は過去にも現在にも存在しない。二〇世紀の後半になって、マヤ系先住民たちによるマヤ言語や文化の復権運動が活性化した。先住民の間から知識人や経済的に有力な人たち、あるいは社会運動家たちがより多く出てきた。コロンブスによるアメリカ大陸「発見」五〇〇周年の一九九二年には、グアテマラのキチェ・マヤ人女性の人権活動家リゴベルタ・メンチュウがノーベル平和賞を受賞した。

グアテマラの三六年間の内戦(一九六〇～一九九六年)では、六二六の村が破壊され、死者・行方不明者は二〇万人以上、「国内難民」は一五〇万人、隣国のメキシコ、アメリカやホンジュラスなどへの国外難民は一五万人以上になった。中米諸国で二〇世紀最後の内戦が繰り広げられたグアテマラにおいて、一九九六年末に政府と反政府ゲリラの間で包括的な和平合意が成立したのは、メンチュウの存在が大きい。

その結果、現在の国境を越えた「マヤ」の連帯意識が広がった。多くのマヤ系先住民が、歴史上初めて「私はマヤ人」と自称するようになったのである。そのアイデンティティは、多重的である。セイバル遺跡で働くベテラン発掘作業員のホセ・シェさんは、村のリーダーの一人であり、ケクチ語とスペイン語を話す。彼は、自分はまず「グアテマラ人」であり、「先住民」であり、「マヤ人」であり、「ケクチ・マヤ人」であり、さらに「ラス・ポサス村の住人」であるという帰属意識をもっている(図6-2)。

図 **6-2** 前7世紀のセイバル遺跡の住居跡．前列左からケクチ・マヤ人のホセ・シェさんと甥のフアン・チョクさん，後列左から筆者と猪俣健さん

マヤ低地のマヤ文明は、主にユカタン語群とチョル語群を話すマヤ人が築き上げた。ところが近年の傾向として、高地のマヤ人をはじめ、それ以外の一部のマヤ人も、ティカル遺跡をはじめとするマヤ文明の諸遺跡を「聖地」として訪問するようになっている。私が調査中のセイバル遺跡では、近隣に住むケクチ・マヤ人の男女二十数名が、マヤの三六五日暦の祝日にやってきた。第1章でみたように、ケクチ・マヤ人は、内戦が激化した一九

八〇年代になってからグアテマラ高地からマヤ低地南部に移住してきたのであり、彼らの先祖がセイバルを創設したのではない。マヤ文明の遺跡は、最近になって多くのマヤ人が強い帰属意識をもつ「私たちの遺跡」になったのである。

よりグローバルな「真の世界史」にむけて

第1章で高校世界史の教科書の記述にふれた。本書をここまでお読みになった読者のあなたには、時代遅れの「四大文明」観の限界は明らかであろう。「鉄器」、「半乾燥地帯の大河流域の平地」、「大規模な灌漑農業」、「大型の家畜」、「支配層に従属する工人集団」、「統一王朝」など、「四大文明」で示された条件は、マヤ文明に当てはまらない。マヤ文明は、人間の可能性を教えてくれる。ここでは、マヤ文明の特色をまとめて、人類史の中に位置づけてみよう。

マヤは、「鉄器」を用いない究極の石器文明であり、高地産の黒曜石や翡翠など特殊な石は遠距離交換にも用いられた。「原始的な石器時代」という旧大陸の観念やイメージは、根本的に改められなければならない。

マヤ文明は、「半乾燥地帯の大河流域の平地」とは異なり、熱帯雨林、熱帯サバンナ、ステップ、針葉樹林を含む、多様な自然環境で繁栄した。マヤ地域では、「農耕革命」は起こらず、セイバル遺跡では農耕定住による急速な社会変化、つまり「農耕定住革命」によって文明が形成された。「四大文明」のような「大規模な灌漑農業」ではなく、マヤの農民は、小規模な灌漑、段々畑、家庭菜園などの集約農業と焼畑農業を組み合わせて多様な農業を展開していた。マヤは、「ミルクの香りのしない」人力エネルギーの文明であった。ミルクや乳製品を提供し、人や重い荷物を運び、農耕地を耕す「大型の家畜」はいなかった。車輪の原理は知られていたが、荷車や犂《すき》は発達しなかった。

マヤ文明は、機械に頼らない「手作りの文明」であり、「モノづくりの文明」であった。旧大陸の「四大文明」では、支配層が工人や学者などの技術・知識集団を抱えていたとされる。対照的にマヤの支配層は、複数の社会的役割を担った。政治や戦争だけでなく、文字、暦、算術、天文観測、宗教儀礼、遠距離交換から手工芸まで、農民が享受できない様々な知識や技術を専有することで、自分たちの権威、権力を強化した。戦争は、主に支配層の間で行われた。つまり近世日本の士農工商のように、支配層の武士、モノづくりにいそしむ被支配層の職人という身分体系ではなく、王・貴族＝戦士を兼ねる身分の高い美術家・工芸家という図式が存在した。

マヤ地域では「統一王朝」はなく、多様な諸王国が共存した。大王朝が他の王朝に内政干渉することもあったが、旧大陸の諸文明とは異なり、遠く離れた王朝を征服して奪い尽くし直接統治することはなかった。多様性を保つことが、文明の回復力を高めた。画一化する現代社会がマヤ文明を学ぶ今日的な意義の一つであろう。

マヤ文明には、農業を生業の基盤とし、文字、都市、神聖王、国家、神殿、洗練された美術、戦争、政略結婚など、旧大陸の「四大文明」との共通性も多く認められる。マヤ文明は、それほど謎でもユニークでもない、世界の諸文明と比較しうる特徴をもった文明なのである。マヤ文明をはじめとするメソアメリカとアンデスという、先スペイン期アメリカ大陸の二つの大文明は、旧大陸世界と交流することなく、メソポタミアや古代中国と同様に一次文明を独自に形成し、「世界六大文明」を構成した。マヤ文明を学ぶことは、従来の「四大文明」・西洋中心的な文明史観の限界を超えた新しい歴史観の構築に大きく貢献する。アメリカ大陸と旧大陸の文明を対等に位置づけ、よりグローバルな「真の世界史」を構築していかなければならない。

発掘調査は続く

セイバル遺跡では、きらめく太陽の下で今日もホエザルの大声が響き渡り、ハチドリをはじめ熱帯の美しい鳥が飛び交う。ここは、「蚊の大国」でもある。

私が日本から持ち込む最新鋭の蚊取りグッズは、残念ながらあまり役に立たない。マラリアの予防薬はこの上なく苦いが、欠かさずに飲まなければならない。ホンジュラスで私を悩ましたサンゴヘビやバルバ・アマリーヤに加えて、ガラガラヘビ、英語でジャンピング・バイパーと呼ばれる「跳ぶ毒蛇」もいる。ジャングルでは、足元だけでなく、頭上にも気を付けなければならない。大木の枝やコフネヤシの硬い実が、運悪く当たったら命を落とすかもしれない。

セイバル遺跡の調査の途中成果をまとめてみよう。第1章でみたように、セイバルでは、二〇〇〇年にわたってマヤ文明が盛衰した。マヤ文明は、従来の学説よりも二〇〇年ほど早く、先古典期中期の前半の前一〇〇〇年頃に興ったことが明らかになった。土器が作られ、支配層は神殿ピラミッドと公共広場からなる「神聖な文化的景観」を増改築し続け、グアテマラ高地産の翡翠や黒曜石のような重要な物資、および観念体系や美術・建築様式などの知識を遠距離交換によって得た。この頃のセイバルでは、黒曜石製石刃核の流通と石刃の生産を可能にする複雑な社会が確立されていた。つまりトウモロコシ農耕を基盤とする定住生活の開始に伴って、社会階層が形成されたことがわかってきた。

セイバルの先古典期中期の後半の前五世紀の男性貴族の墓には、メソアメリカ最古の一三点の黒曜石製石刃（図2-12参照）だけでなく、土器、翡翠製品や赤の顔料が付着した貝製品も副葬されていた。貝製品は、古典期の書記が使用したインク入れに酷似しており、この時期からマヤ文字や図像が描かれていた可能性がある。先古典期後期の二世紀頃、エル・ミラドールやナクベといったマヤ低地南部の一部の大都市が衰退した。セイバルは衰退せずに繁栄し続けるが、五世紀に一時的に衰退した。環境破壊や気候変動があったのだろうか。

図6-3　セイバル遺跡の王宮の発掘調査

セイバルは七世紀に再興し、二回目の繁栄期を迎える。第5章でみたように、要塞都市アグアテカは、八一〇年頃の戦争によって短時間で放棄された。それは、七三五年にドス・ピラス＝アグアテカ王朝との戦争に敗北した、近隣のセイバル王朝のリベンジであったかもしれない。ところが、セイバルでは、八〇〇年から三〇年ほど石碑が建立されない時期があった。同じ頃、パレンケ、ヤシュチラン、アグアテカ、コパン、キリグアなど多くの都市で碑文に最後の暦の日付が記され、急激な社会変動が広い地域で起こっていた。なぜだろうか。

セイバルは、マヤ低地南部の多くの都市が九世紀に衰退する中、古典期終末期にパシオン川流域最大の都市として大建造物を増改築し、素晴らしい石碑を建立し続けた。セイバル王朝の最後は、アグアテカほど劇的ではなかったが暴力を伴った。発掘調査によって、一〇世紀に王宮が破壊され、火をかけられたことがわかった(図6-3)。しかも王宮を飾った漆喰彫刻の男性像の首が儀礼的に切られていた。セイバルの王宮では、破壊儀礼が行われたのである。また「中央広場」に面する神殿ピラミッドでも、同様に破壊儀礼が執行されたことが判明した。

図**6-4**　セイバル遺跡付近の湖のボーリング調査

先にふれたように、これまでマヤ低地の湖底堆積層の不確かなデータに基づいて、九世紀頃に干ばつがあったという仮説が提唱されてきたが、疑問の声も多い。私が代表をつとめる「環太平洋の環境文明史」(平成二一～二五年度)の学術調査の中で、セイバル遺跡付近の湖でついに年縞を確認した。年縞とは、木の年輪と同様に、湖の底に年に一つ形成される、いわば「土の年輪」であり、精密な年代軸を提供する。環境史の研究に革命をもたらしたのが、この年縞である。マヤ地域で初の大発見であった（図6-4）。

年縞から、過去の気候、森林環境の変化、人間の農耕活動による環境破壊、大地震、水位の変動や水質の汚染などの水環境の変化、降水量の変動など多様な環境変動を高精度に復元できる。環境史の復元は、考古学と同様に、野外調査だけでなく分析やデータ解析に多くの時間がかかる。マヤ文明の盛衰と環境変動の因果関係は、あったのだろうか。マヤ人は、どのように環境変動から回復したのだろうか。あるいは、その回復に失敗したのだろうか。これから実証的に解明していくところである。

考古学者になるためには、天才である必要はない。希望をもって最後まで絶対にあきらめず、死ぬ気でがんばる根性と気力、そして学問への情熱があれば十分である。マヤ考古学の調査では、一つの遺跡や地域を研究するのに少なくとも一〇年はかかる。私は、ホンジュラスのコパン遺跡とラ・エントラーダ地域で一〇年、アグアテカ遺跡と周辺地域で一〇年、こつこつと地道に研究を積み重ねた。大遺跡セイバルと周辺地域の調査は、一五年くらいはかかるだろう。マヤ学の道は、果てしなく続く。

あとがき

私がマヤ文明を研究し始めてから、早くも四分の一世紀以上の月日が流れた。研究のメリットの一つは、世界の人々とのかけがえのない出会いと交流である。アメリカに留学し、ホンジュラスとグアテマラの国際調査団に参加し、カンペチェ州立自治大学の客員教授として家族と共にメキシコに滞在した。

私は、ホンジュラス、グアテマラ、エルサルバドル、メキシコ、プエルトリコ、アメリカ、カナダ、スペイン、イギリス、ドイツ、フランス、スイス、ベルギー、オーストリア、韓国、日本などの国際学会や学術雑誌で研究成果を発表してきた。研究成果が他の研究者に引用されるのは、学術的に大きな意味があるし、現地の人々の役に立つのも嬉しい。

グアテマラ市で毎年七月に開催されるグアテマラ考古学調査シンポジウムでは、私は常連になっている。「グアテマラの皆さん、こんにちは」、研究発表の冒頭にいつものようにスペイン語で叫ぶと、「こんにちは、カズオ」と聴衆から一斉に大きな声で返事が返ってくる。やや硬い感じがする日本の学会よりも、聴衆の反応が格段に良い。

二〇一〇年一二月に、私のふるさと京都市にある国際日本文化研究センターで国際環境考古学会の研究大会が開催された。私は、主催者の安田喜憲先生から依頼を受けて、特別セッション「環太平洋の環境考古学」の座長として研究発表者を選定し、盟友の米延仁志《よねのぶひとし》さん(年輪年代学)と司会を務めた。このセッションでは、マヤ文明の世界的権威の恩師サブロフ先生をはじめ、私が現地調査や留学中に大変お世話になった方々にも発表していただいた。日本、アメリカ、イギリスとグアテマラの研究者が環太平洋の諸文明と環境に関連した研究発表を行い、国際環境考古学会のグローバル化に貢献できた。私にとって一生忘れることができない、極めて有意義な国際学会になった。

二〇一一年四月、私はカリフォルニア州サクラメント市で開催されたアメリカ考古学会の「セイバル遺跡の再調査」のセッションで、セイバル遺跡と周辺遺跡から出土した石器研究について発表した。ディスカッサントは、一九六〇年代のセイバル遺跡調査団員であったサブロフ先生とW・アンドリュース先生であった。まさに人生に一度の機会である。

サブロフ先生は、「ハーバード大学の調査では、セイバル遺跡の編年を確立するのが最大の目的だった。新たな調査では、それを超えることに成功しつつある。特にマヤ文明の起源に関するデータが重要である」という評価を与えて下さった。「たとえば、カズオの石器研究に示されているように、交換の研究はマヤ文明の盛衰を検証する上で重要である」というコメントは、とてもありがたく嬉しかった。

学問の世界では、上には上がいる。日本学士院の久保正彰院長が、二〇〇八年の日本学術振興会賞並びに日本学士院学術奨励賞の授賞式で「学者は、八〇歳になって一人前」と激励された。私は、「マヤ研究五〇年」を一つの目標として、より優れた研究成果を生み出していきたい。国内だけでなく諸外国で学術論文を出版し、国際学会で研究発表し続けていく。また、マヤ学やメソアメリカ学の後輩の育成にも力を入れたい。同時に、公開シンポジウムや本書のような一般書などを通じて、わかりやすく研究成果を社会に還元し続けていこうと思う。マヤ文明に関する良質なテレビ番組、ラジオ番組や新聞報道にも、これまで以上に積極的に協力していきたい。

高校世界史の教科書における先スペイン期アメリカ大陸の記述を改善することも私のライフワークである。古代アメリカ学会では、私を座長として、四名の大学教員と高等学校教員からなるワーキンググループを立ち上げ、世界史の教科書と用語集の誤った事実や不適切な記述を検討し、二〇一〇年に教科書会社に修正案を送付した。中期・長期的な展望に立って、今後も書き直しを促し、先スペイン期アメリカ大陸の「教科書問題」に辛抱強く取り組んでいきたい。

マヤ文明に関する岩波新書を五〇歳になる前に出版するのは、私の長年の目標の一つであった。本書は、文部科学省科学研究費補助金「環太平洋の環境文明史」（代表青山和夫）と日本学術振興会科学研究費補助金「マヤ文明の政治経済組織の通時的変化に関する基礎的研究」（代表青山和夫）の成果の一部として執筆した。

国立民族学博物館の八《や》杉《すぎ》佳穂《よしほ》先生とアリゾナ大学の猪俣健さんは、原稿に目を通して貴重な助言を下さった。岩波書店の大山美佐子さんは、本書の編集担当として敏腕を振るって下さった。大学三年生の長女さくらと高校一年生の二女美智子に原稿を熟読してもらい、一般市民の方や大学生だけでなく、「高校生にもわかる読み物」になるように努めた。最後になったが、私と喜怒哀楽を共にし、一八万点を超えるマヤ文明の石器のデータ入力を手伝い、守護天使のように研究生活を支えてくれる妻ビルマに深く感謝します。

二〇一二年二月　グアテマラのセイバル遺跡にて

青山和夫

主要参考文献

青山和夫『古代マヤ　石器の都市文明』京都大学学術出版会、二〇〇五年。

青山和夫『古代メソアメリカ文明――マヤ・テオティワカン・アステカ』講談社、二〇〇七年。

青山和夫・猪俣健『メソアメリカの考古学』同成社、一九九七年。

増田義郎・青山和夫『古代アメリカ文明　アステカ・マヤ・インカ』山川出版社、二〇一〇年。

恩田陸・ＮＨＫ「失われた文明」プロジェクト『失われた文明　マヤ』日本放送出版協会、二〇〇七年。

関雄二・青山和夫『岩波　アメリカ大陸古代文明事典』岩波書店、二〇〇五年。

安田喜憲『稲作漁撈文明――長江文明から弥生文化へ』雄山閣、二〇〇九年。

八杉佳穂『マヤ文字を解く』中公文庫、二〇〇三年。

八杉佳穂(編)『マヤ学を学ぶ人のために』世界思想社、二〇〇四年。

Aoyama, K. 1999 *Ancient Maya State, Urbanism, Exchange, and Craft Specialization: Chipped Stone Evidence from the Copán Valley and the La Entrada Region, Honduras*. University of Pittsburgh Memoirs in Latin American Archaeology No. 12, Pittsburgh.

Aoyama, K. 2009 ***Elite Craft Producers, Artists and Warriors at Aguateca: Lithic Analysis***. Monographs of the Aguateca Archaeological Project First Phase Vol. 2. University of Utah Press, Salt Lake City.

Coe, M. 2011 ***The Maya***. Eighth Edition. Thames and Hudson, London. (第六版の邦訳は、『古代マヤ文明』加藤泰建・長谷川悦夫訳、創元社、二〇〇三年)

Coe, M. & M. Stone 2005 ***Reading the Maya Glyphs***. Second Edition. (『マヤ文字解読辞典』武井摩利訳、創元社、二〇〇七年)

Culbert, P. 1993 ***Maya Civilization***. Smithsonian Books, Washington, D. C.

Demarest, A. ***et al***. 1997 Classic Maya Defensive Systems and Warfare in the Petexbatun Region: Archaeological Evidence and Interpretations. ***Ancient Mesoamerica*** 8: 229-253.

Houston, S. & T. Inomata 2009 ***The Classic Maya***. Cambridge University Press, Cambridge.

Inomata, T. 1997 The Last Day of a Fortified Classic Maya Center: Archaeological Investigations at Aguateca, Guatemala. ***Ancient Mesoamerica*** 8: 337-351.

Martin, S. & N. Grube 2008 ***Chronicle of the Maya Kings and Queens: Deciphering the***

Dynasties of the Ancient Maya. Second Edition. Thames and Hudson, London.（初版の邦訳は『古代マヤ王歴代誌』長谷川悦夫他訳、創元社、二〇〇二年）

McNeil, C. *et al.* 2010 Evidence disputing deforestation as the cause for the collapse of the ancient Maya polity of Copan, Honduras. ***PNAS*** 107(3): 1017-1022.

Sabloff, J. 1994 ***The New Archaeology and the Ancient Maya***. W.H.Freeman, New York.（『新しい考古学と古代マヤ文明』青山和夫訳、新評論、一九九八年）

Saturno, W. 2009 High Resolution Documentation of the Murals of San Bartolo, Guatemala. ***Maya Archaeology*** 1: 8-27.

Sharer, R. 2006 ***The Ancient Maya***. Sixth Edition. Stanford University Press, Stanford.

Sheets, P. (ed.) 2002 ***Before the Volcano Erupted: The Ancient Cerén Village in Central America***. University of Texas Press, Austin.

Stuart, D. 2011 ***The Order of Days: The Maya World and the Truth about 2012***. Harmony Books, New York.

Stuart, D. & S. Houston 1989 Maya Writing. ***Scientific American*** 261(8): 82-89.

Thompson, E. 1966 ***The Rise and Fall of Maya Civilization***. Second Edition. University of Oklahoma Press, Norman.（『マヤ文明の興亡』青山和夫訳、新評論、二〇〇八年）

図版出典一覧

＊明記した以外は、全て筆者の撮影による

目次扉　Coe 2011

第1章
図1-1　筆者作成
図1-4　I. Graham 画
図1-5　I. Graham 画より作成
図1-8　青山・猪俣 1997
図1-9　Coe 2011
図1-10　Stuart 2011
図1-11　Sharer 2006
図1-13　Coe 2011 より作成
図1-17　Stuart 2011 より作成
図1-18　Stuart 2011 より作成
図1-19　Stuart 2011 より作成
図1-20　Stuart & Houston 1989 より作成
図1-21　Coe & Stone 2005
図1-22　Houston & Inomata 2009

第2章
図2-1　筆者作成
図2-5　Hohmann & Vogrin 画より作成
図2-9　J. Kerr 撮影

第3章扉　Martin & Grube 2008
図3-1　青山 2007
図3-2　青山 2005

図3-4　Culbert 1993より作成
図3-5　Culbert 1993より作成
図3-6(右)　W. Coe 画
図3-7　Stuart 2011
図3-9　Sharer 2006
図3-12　Martin & Grube 2008
図3-15　Martin & Grube 2008
図3-16　多々良穣撮影

第4章扉　Stuart 2011
図4-1　Saturno 2009
図4-2　青山・猪俣 1997より作成
図4-3　Houston & Inomata 2009より作成
図4-10　青山 2005

第5章
図5-1　Demarest *et al.* 1997
図5-2　I. Graham 画
図5-3　青山 2005より作成
図5-4　Aoyama 2009
図5-5　Inomata 1997
図5-7　Aoyama 2009
図5-8　Aoyama 2009
図5-11　青山 2005
図5-12　猪俣健撮影
図5-14　Sharer 2006

第6章
図6-4　竹田武撮影

青山和夫

1962年京都市生まれ．東北大学文学部卒業．ピッツバーグ大学人類学部大学院博士課程修了．人類学博士．「古典期マヤ人の日常生活と政治経済組織の研究」で日本学術振興会賞，日本学士院学術奨励賞を受賞．

現在－茨城大学人文社会科学部教授

専攻－マヤ文明学，メソアメリカ考古学，文化人類学専攻

著書－『古代メソアメリカ文明』(講談社)，『古代マヤ』(京都大学学術出版会)，『メソアメリカの考古学』(共著，同成社)，『古代アメリカ文明』(共著，山川出版社)，『岩波アメリカ大陸古代文明事典』(共編著，岩波書店)ほか

訳書－J・サブロフ『新しい考古学と古代マヤ文明』(新評論)，E・トンプソン『マヤ文明の興亡』(新評論)ほか

マヤ文明
―密林に栄えた石器文化　　岩波新書(新赤版)1364

2012年4月20日　第1刷発行
2024年6月5日　第3刷発行

著者　青山和夫《あおやまかずお》

発行者　坂本政謙

発行所　株式会社　岩波書店
〒101-8002 東京都千代田区一ツ橋2-5-5
案内 03-5210-4000　営業部 03-5210-4111
https://www.iwanami.co.jp/

新書編集部 03-5210-4054
https://www.iwanami.co.jp/sin/

印刷製本・法令印刷　カバー・半七印刷

ISBN 978-4-00-431364-9　　Printed in Japan

岩波新書新赤版一〇〇〇点に際して

ひとつの時代が終わったと言われて久しい。だが、その先にいかなる時代を展望するのか、私たちはその輪郭すら描きえていない。二〇世紀から持ち越した課題の多くは、未だ解決の緒を見つけることのできないままであり、二一世紀が新たに招きよせた問題も少なくない。グローバル資本主義の浸透、憎悪の連鎖、暴力の応酬――世界は混沌として深い不安の只中にある。

現代社会においては変化が常態となり、速さと新しさに絶対的な価値が与えられた。消費社会の深化と情報技術の革命は、種々の境界を無くし、人々の生活やコミュニケーションの様式を根底から変容させてきた。ライフスタイルは多様化し、一面では個人の生き方をそれぞれが選びとる時代が始まっている。同時に、新たな格差が生まれ、様々な次元での亀裂や分断が深まっている。社会や歴史に対する意識が揺らぎ、普遍的な理念に対する根本的な懐疑や、現実を変えることへの無力感がひそかに根を張りつつある。そして生きることに誰もが困難を覚える時代が到来している。

しかし、日常生活のそれぞれの場で、自由と民主主義を獲得し実践することを通じて、私たち自身がそうした閉塞を乗り超え、希望の時代の幕開けを告げてゆくことは不可能ではあるまい。そのために、いま求められていること――それは、個と個の間で開かれた対話を積み重ねながら、人間らしく生きることの条件について一人ひとりが粘り強く思考することではないか。その営みの糧となるものが、教養に外ならないと私たちは考える。歴史とは何か、よく生きるとはいかなることか、世界そして人間はどこへ向かうべきなのか――こうした根源的な問いとの格闘が、文化と知の厚みを作り出し、個人と社会を支える基盤としての教養となった。まさにそのような教養への道案内こそ、岩波新書が創刊以来、追求してきたことである。

岩波新書は、日中戦争下の一九三八年一一月に赤版として創刊された。創刊の辞は、道義の精神に則らない日本の行動を憂慮し、批判的精神と良心的行動の欠如を戒めつつ、現代人の現代的教養を刊行の目的とする、と謳っている。以後、青版、黄版、新赤版と装いを改めながら、合計二五〇〇点余りを世に問うてきた。そして、いままた新赤版が一〇〇〇点を迎えたのを機に、人間の理性と良心への信頼を再確認し、それに裏打ちされた文化を培っていく決意を込めて、新しい装丁のもとに再出発したいと思う。一冊一冊から吹き出す新風が一人でも多くの読者の許に届くこと、そして希望ある時代への想像力を豊かにかき立てることを切に願う。

（二〇〇六年四月）